职业核心能力培养视阈下
高职大学语文教学改革探究

徐京魁　著

湘潭大学出版社

图书在版编目（CIP）数据

职业核心能力培养视阈下高职大学语文教学改革探究 / 徐京魁著. -- 湘潭 : 湘潭大学出版社, 2022.6
ISBN 978-7-5687-0889-0

Ⅰ. ①职… Ⅱ. ①徐… Ⅲ. ①大学语文课－教学研究－高等职业教育 Ⅳ. ①H193

中国版本图书馆 CIP 数据核字（2022）第 179634 号

职业核心能力培养视阈下高职大学语文教学改革探究

ZHIYE HEXIN NENGLI PEIYANG SHIYUXIA GAOZHI DAXUE YUWEU JIAOXUE GAIGE TANJIU

徐京魁 著

责任编辑：丁立松 渠珊珊
封面设计：张丽莉
出版发行：湘潭大学出版社
社　　址：湖南省湘潭大学工程训练大楼
电　　话：0731-58298960 0731-58298966（传真）
邮　　编：411105
网　　址：http://press.xtu.edu.cn/
印　　刷：长沙创峰印务有限公司
经　　销：湖南省新华书店
开　　本：710 mm×1000 mm 1/16
印　　张：11.5
字　　数：210 千字
版　　次：2022 年 6 月第 1 版
印　　次：2022 年 6 月第 1 次印刷
书　　号：ISBN 978-7-5687-0889-0
定　　价：48.00 元

序

精神成人乃立业之本。中国近代教育家蔡元培先生说过，教育是养成人格的事业，如果仅仅为了灌输知识、只起到练习技能的作用，就是机械的教育，不应该用在对人的教育上。文学、历史、哲学和艺术等人文学科，与其他学科一起共同担负起大学生精神上“成人”的作用，即人文素养的增强、意识道德的培育、品行意志的锤炼、智慧水平的提升。只有精神成人，大学生才能成为具有独立人格、自由表达、批判思维、创新意识的当代社会需要的人才。

人文学科，不是使一个人学到一门技术，而是完善人格，发展人性。教育一旦离开了人本身，偏离或忽略了对人的灵魂或精神的教育，严格上说就不能称之为教育，只是所谓理智知识和认识的堆积。面对越来越复杂的社会环境，市场竞争越发激烈，社会对从业者提出了更高的要求。不仅是技术技能要有更高的水平，更多的是面对复杂环境、生存困境、职场压力时能做出果断而正确的选择。而这些都离不开人文学科教育的积累和熏陶。在高职教育中，大学语文起到非常重要的作用。高职教育要为社会培养高素质的技术技能型人才，全面提升学生的职业能力是高职院校当前面临的关键任务。大学语文课程是根据教育部制定的教育目标的基本要求而设置的，兼具基础、工具、人文、职业等多种教育功能。大学语文是高职高专院校开设的一门文化教育和人文教育公共基础课，在职业核心能力特别是语言表达能力、信息挖掘能力、创新能力和人际沟通能力的培养中发挥着十分重要的作用，扮演着十分重要的角色。

编者作为湖南外贸职业学院的一线教师，从事高职大学语文及相关课程教学工作二十余年，有丰富的教学实践经验。本研究从职业核心能力培养视角对高职大学语文课程教学进行较为深入的理论探究，认为高职高专院校只有充分挖掘高职大学语文课程的职业性特征，在课程目标、教学方法、课程体系等方面开展教学改革，在教学内容优化、教学策略研究上多下功夫、下实功夫，才能真正实现高职大学语文的作用，帮助学生精神成人，从而成就人格完善、精神和谐、懂得审美、能够鉴赏、感知幸福、事业有成的健康人生。

本著作借鉴、引用了其他专家学者的一些学术成果，在此表示衷心感谢。由于编者水平有限，时间仓促，错误在所难免，敬请批评指正。

徐京魁

2022 年 6 月

目　录

第一章　绪　论 …… 1

第一节　研究背景 …… 1

第二节　理论基础 …… 3

第三节　职业核心能力与高职大学语文的关系 …… 16

第二章　职业核心能力培养视阈下高职大学语文课程的定位 …… 20

第一节　作为高职教育课程的大学语文——职业性 …… 20

第二节　高职教育课程体系中的大学语文——人文性 …… 25

第三节　民族文化传承中的大学语文——母语性 …… 28

第三章　职业核心能力培养视阈下高职大学语文教学改革的内容 … 32

第一节　教学目标 …… 32

第二节　课程体系 …… 36

第二节　教学方法 …… 38

第四章　项目教学法在高职大学语文教学中的应用 …… 49

第一节　项目教学法的内涵 …… 49

第二节　项目教学法及应用于高职大学语文课堂教学的意义 …………… 56
第三节　项目教学法应用于高职大学语文课堂的理论依据 ……………… 63
第四节　项目教学法应用于高职大学语文课堂教学应遵循的原则 ……… 69

第五章　行动导向教学法在高职大学语文教学中的应用 ……………… 76

第一节　行动导向教学法的内涵 ……………………………………… 76
第二节　行动导向教学法的理论基础 ………………………………… 86
第三节　行动导向教学法的主要方法及实施过程 …………………… 90
第四节　行动导向教学法在高职大学语文教学中的应用策略 ……… 95

第六章　活动教学在高职大学语文教学中的应用 ……………………… 106

第一节　高职大学语文活动教学的内涵 ……………………………… 106
第二节　高职大学语文活动教学的原则 ……………………………… 110
第三节　基于活动教学的高职大学语文应用能力培养教学设计 ……… 116

第七章　“读研写演”生态情景式教学模式构建 ……………………… 123

第一节　“读研写演”创新教学模式的基本内涵和特征 …………… 123
第二节　“读研写演”创新教学模式的建构 ……………………… 126
第三节　“读研写演”创新教学模式反思 …………………………… 134

第八章　职业核心能力培养视阈下高职大学语文教育的课程优化设置 ……………………………………………………………… 138

第一节　高职大学语文教育的课程定位 ……………………………… 138
第二节　高职大学语文教育的课程设置 ……………………………… 141

第九章 职业核心能力培养视阈下高职大学语文教育的教学内容优化 …… 146

第一节 学生口语表达能力 …… 146

第二节 学生应用写作能力 …… 152

第三节 学生阅读能力 …… 158

第十章 职业核心能力培养视域下的高职大学语文教学策略研究 …… 167

第一节 构建大学语文教学与职业素养培养相结合的课程标准 …… 167

第二节 制定以职业素养培养为核心的教学目标 …… 168

第三节 整合教学内容实现职业素养培养的模块化教学 …… 169

第四节 采取有效的教学方法提升学生的职业素养 …… 170

第五节 建立多元化的考核评价体系 …… 171

参考文献 …… 173

第一章 绪 论

第一节 研究背景

从 2013 年开始，我国社会就已经正式进入了新常态的发展阶段，社会环境变得更为复杂，市场竞争也变得更为激烈，各个行业对于人才也提出了更高的要求。其中，技术技能型人才和复合型人才是企业争取的关键对象。从当前我国整个教育体系的发展来看，职业教育扮演着十分重要的角色，是技术型人才培养的摇篮，这也是职业教育活动受到社会各界关注的主要原因。我国职业教育活动经历了扩张发展阶段以及方向定位阶段等几个比较典型的发展时期，职业教育的质量和效率在不断提升。近年来，我国政府对职业教育活动的关注程度在普遍提高，调控力度和相关举措也在不断地完善和优化。《中华人民共和国职业教育法》等法律法规的落地实施，也为职业教育活动的高质量发展提供了政策支撑和方向指引。在这样一个背景之下，我国多个地区的职业院校在教育体制改革领域中做出了更多的探索。无论是办学的模式还是教育教学基本理念，都实现了变革和转化。与此同时，我国还积极地构建了国家骨干学校以及高职示范学校等关键的实训基地。通过职业教育的不断自我优化和自我完善，高职院校的教学质量得到了显著攀升，人才培养的模式也得到了进一步的优化。可以说，高职院校为我国的企业主体培养了很多高素质的一线操作技能人才，这些人才为社会经济的发展贡献了很多力量。

通过对相关研究文献资料进行查阅分析可以发现，2013 届全国大学毕业生在毕业半年之后的就业率为91.4%。2013届高职院校专科学生的就业率达到了90.9%。这一数值相较2012年有明显的上升态势，相较2011年更是上升了1.3%。可以说高职院校呈现出就业稳步发展的良好态势。高职院校为众多企业培养了一线高素质技能人才，同时也为区域的发展源源不断地输送了更多的新鲜血液。这充分凸显出职业教育改革活动所取得的显著成绩和良好效果。

当然，在肯定高职院校毕业生就业率不断攀升这一成绩的同时，高职院校毕业生的就业质量也是需要关注的一个核心问题。麦克斯研究院发布的专门报告显示，2018届大学毕业生中有34%的学生在毕业半年之内就出现了离职情况，其中高职高专毕业生的离职率更是达到了43%。尽管就业率逐年攀升，但是就业质量却在不断下降，这也是教育人员以及研究人员应该关注的一个重点问题。通过个体调查问卷分析可以看出，很多大学生都认为自己未来的晋升空间不够畅通，薪资待遇不够理想，继而提出高职。可以说当前很多高职院校毕业生对于职场的期待在不断增强，但是毕业以及就业的稳定性还有待进一步提高。除了上述所提到的离职原因之外，社会环境因素以及个人原因等都是造成大学生离职的关键因素。在进行调查分析以后也可以看出，很多企业、单位和用人组织的管理人员以及决策人员对于高职学生所表现出来的操作技能都是相当满意的。这也是很多高职院校毕业生能够在第一次就业的时候就找到理想工作的一个关键原因。但是当高职院校毕业生步入工作岗位一段时间之后，由于自身的责任心不强、团队协作意识相对缺乏等，他们不能够很好地适应本职工作，造成了就业持续时间比较短。很多高职院校毕业生不能快速地适应从学生到职场人的角色转换，不能用最短的时间来适应企业环境，不能够融入企业氛围当中，在工作过程当中更是表现出了比较强烈的个人主义和利己主义，团队意识相对缺乏。由于就职之前的准备不够充分、思想认知不够成熟、角色转换存在问题等，大学生主动离职或者被迫离职的不良情形屡见不鲜。

随着社会经济的不断发展进步以及科学技术水平的不断提升，社会以及各个企业对于人才的要求也变得更加严格。企业原本的单一化技术考评标准正在朝着多元化的方向转化。职业教育活动也应该做到与时俱进，实现动态发展，只有充分满足社会的诉求，满足企业的诉求，才能够真正地培养出高技能以及高素养的优秀毕业生人才。具体来说，学生职业素养的优化和完善可以借助多个渠道来实现，其中，高职大学语文教育活动就扮演着十分重要的角色。在整个高职院校的教育教学体系当中，语文学科是最基础性的学科，也是最关键的学科。语文学科的开放性特征和人文性特征是十分明显的，这也直接决定了语文教育在学生职业素养以及人文素养提升过程当中的关键作用。与此同时，高职院校的语文学科实用性特征和工具性特征也是十分明显的。在语文知识传授的过程当中，教师还要关注学生思维的延伸，关注学生审美能力以及综合能力的不断提升。通过语文素养的提升，学生的知识积累更为丰富，知识掌握更为扎实。通过阅读能力以及写作能力的不断提升，大学生的审美意识、认知以及思想品德都朝着更优化的方向发展和进步。

综合来看，高职院校学生职业生涯的长远发展是每一位教育工作人员应该重点关注和认真思考的关键课题。为此，本研究专门选择高职院校在校学生作为重点案例分析对象，对这一群体的职业素养认知的提升和用人单位对人才职业素养的需求的现状等进行了全面的调研和深入的分析，并在此基础上指出应当正确理解高职院校大学语文教学的关键性作用，针对现实发展的基本诉求，提出了创新变革高职院校大学语文教学理念的策略，以便能够在这些先进理念和优势策略的支撑与影响下，不断提升公众对高职大学语文的关注程度，让语文在提升学生职业素养这一目标的实现过程当中发挥重要的作用。

第二节　理论基础

一、关联主义学习理论

（一）关联主义学习理论的基本概念

关联主义还有另外两个名称，分别是连接主义和联通主义，这是数字时代一种典型的学习理论。研究人员西蒙斯早在 2005 年就对这一理论进行了探索和研究，他认为网络信息知识和学习知识之间的互动和融合是未来教学过程当中应该关注的一个重要方向。与此同时，他还对网络及其复杂性等进行了一些整合探索，并归纳出八条基本原则和核心主张：学习活动实际上就是将不同的节点以及不同的信息进行高度整合和有效归纳的过程；要让知识在整个网络环境当中得到传播和扩散；学习实际上也会发生在一些非人的工具当中；学生所表现出来的持续学习能力比单纯的知识记忆更为重要；要关注学生可持续发展能力的不断提升；对不同概念内涵以及不同领域之间的关联性进行探究尤其关键；学习的终极目标实际上就是为知识的流通创设环境；在学习过程当中，决策发挥着极为重要的作用。

如上提到的八个方面的关键内容，实际上就是对关联主义学习理论核心要义的表达和解读。通过理论层面的探索和分析，可以清晰地看出关联主义学习理论关注的是不同知识节点之间的连接性和互动性，而且还提倡将知识在整个网络体系当中进行传播和扩散。西蒙斯在研究活动当中还提出，信息技术的不断发展对于我们的日常生活以及学习活动都产生了十分深刻的影响，要在更为畅通有序的交流空间中进行各种知识的重组和优化。唐斯在研究活动当中也提出了他的一些见解和主张，他在对西蒙斯的研究理论进行丰富和优化的基础之上，提出了网络连接中的知识分散这一核心观点。

(二) 关联主义学习理论的主要观点

关联主义学习理论最突出的亮点优势就是关注知识节点之间所呈现出来的关联性和互动性，其关注的是不同信息之间的交互流通，通过连接的形成来实现预期的学习目标。

1. 关联主义知识观

关联主义学习理论明确提出知识是动态发展的，并不是一成不变的。西蒙斯给出了一个十分经典的比喻："知识是河流，不是水库。"这也就意味着知识总是处于一种动态发展的基本状态，并不是静止不动的。与此同时，西蒙斯还对知识流的基本概念、内涵进行了一些论述和研究，他将知识比喻为管道当中不断流通的石油，认为知识的流通和循环是确保时代价值得到呈现的一个关键要素。

关联主义的核心理论也提出知识应该散布在整个网络架构当中，这一理论关注的是学习者在知识网络之间所呈现出来的连接性和互动性。与此同时，关联主义还提出了四个基本的类型：第一个类型是关于什么，第二个类型是了解应该去做什么，第三个类型是知道在什么地方，第四个类型是知道未来将会成为什么。

对于高职院校大学语文课程来说，知识的流动性特征和循环性特征是相当明显的，因此在推动教育教学活动实施的过程中，应该将流动循环的语文知识的展示和呈现作为最关键的内容来看待。与此同时，基于关联主义所提出的知识的四种不同类型，可以对这一学科的知识进行一些发散：进一步明晰该学科的基本概念内涵，充分了解如何发挥这一个学科的应用性作用。举例来说，写作活动和朗读活动应该明确借助哪些渠道可以获得语文知识，应该清楚谁会为语文教学的高质量发展作出贡献并且提供帮助，应该知道自己在什么状态下更加需要语文知识。

2. 关联主义学习观

关联主义还明确地提出学习的过程实际上就是知识网络架构的过程，学习人员应该在这一环节当中主动地构建属于自己的学习网络。节点所包含的内容也是相当丰富的，例如自己的感觉、图书馆、各种数据库等，这些形式多样的节点都是应该给予关注的。所谓的连接指的就是不同节点之间所呈现出来的联系，也就是我们通常所说的通道。在整个网络环境当中，不同的节点总是处于有效连接的状态，对于广大的学习者来说，这一状态的实现是至关重要的。

这一理论还对学习者的两种不同的学习方式进行了讨论与解读。第一种学习方式是学习主体自身所表现出来的内部学习动机，我们可以将其看成是一种内在的网络形成模式。第二种学习方式是人体外部所呈现出来的不同节点之间的相互对接和相互联系，这样的外部环境的推动也有利于学习者自身学习网络的不断形成和不断发展。实际上这一过程就是学习者了解从哪里获取语文知识的过程以及如何获得语文知识的过程。可以说这对学习人员的学习质量和学习效率的提升都是相当有利的。决策的重要性也是关联主义学习理论所提出的一个重要观点。随着信息技术的不断发展和进步，信息的传输渠道变得更加丰富和多元，网络当中总是存在着海量的信息，这就导致一些学习人员难以进行科学的决策，陷入选择困境当中。这也就意味着每一名学习人员都要关注自身良好决策能力的培养和优化，当面临新的知识节点的问题时，能够做出科学的分析和精准的判断，借助其中所呈现出来的关联性，让知识的利用效率不断提升。

从高职院校大学语文这一学科体系来看，学习人员学习语文知识的过程实际上也是构建语文知识网络体系的过程。在这一环节当中，要善于利用其中的关键节点，建立有效的关系，只有这样才能让自身的视野和思维得到进一步的延伸和扩散。可以积极地发挥一些非人工具的优势作用，其中比较典型的就是搜索引擎以及数据库资源等，让学习人员能够了解从哪些渠道和方向可以获得语文知识。这也能够为语文学习效率以及语文资源利用效率的不断提升提供更坚实的平台支撑。当然，学习人员在面临形形色色的语文知识时，要不断地提升自身的辨别能力和决策能力，尽可能地选择那些对自己的未来发展有价值的关键节点，而不是全盘接受全部学习。提高自身的决策能力，才能够抓住重点和难点，提升学习的效果。

3. 关联主义实践观

西蒙斯在其著作《网络时代的知识和学习——走向连通》中指出，实践的过程实际上就是实施的过程。在社会生活当中，我们每一个人的主要目标并不是获取知识，而是在知识的影响之下做出科学的行为。与此同时，他还明确地提出，每一个人都应该加强对自我模式的认知，通过自身洞察力以及敏感性的不断提升，了解如何成为自己理想当中的人。

在推动和实施教育教学活动的过程当中，关联主义的实践观还提出，教师应该充分尊重学生，将学生摆在主体位置，通过和谐的教学环境的创设，教师和学生之间能够进行有效的交流和沟通，教师主体和学生主体可以成为一种合作伙伴关系、一种朋友关系，这样才能够不断地提升教育教学的有效性。当然教师还要积极地发挥多媒体以及网络资源的支撑性作用，注重灵活性以及开放性的环境氛围的创设，在良好的环境当中激发学生学习的内驱力，调动学生学习的兴趣。这也意味着，高职院校大学语文课程的教学要做到与时俱进，不断地转变自身的教学理念，在网络技术和新媒体的影响之下，实现不同节点之间的有效连接和良性互动，这样才能够创设一种更良好的学习氛围，大大提升学生的学习热情。

（三）关联主义学习理论对高职大学语文教学的启示

通过上文的分析可以十分明显地看出，关联主义学习理论所建构起来的知识网络体系并非传统意义上的网络架构，而是将个人主体和网络主体等多个节点当中的信息资源进行高度整合。可以说这一理论为高职大学语文教育教学活动的发展提供了理论支撑和方向指引。具体而言，主要可以从如下几个层面进行阐述。

第一，基于关联主义的知识观来进行分析，关联主义学习理论对知识的现实性有很高的要求，认为知识学习应该首先了解知识所处的位置。对于高职院校的课程教学活动来说，教学活动的有序推进实际上需要教师主体和学生主体的共同努力与不断探索。教学的过程就是新知识和旧知识连接与互动的过程。通过各种知识的高度整合，学生能够形成一个完整的语文知识学习系统，不断提升自身的学习热情。因此可以得出结论，关联主义的知识观念在高职院校学生了解并掌握语文相关知识方面发挥着十分重要的作用。对于教师而言，在帮助学生获取全新知识的同时，还要关注节点的提供。当然节点的提供也要掌握一定的方法和技巧，不能全盘托出。与此同时，教师还要本着最近发展区的基本理念有效地处理学生既有知识水平以及和他人建立连接后所呈现出来的关联性。

第二，基于关联主义的学习观来进行分析，学习的过程实际上就是一种网络架构形成的过程。学习主体借助网络信息技术等一些非人的工具和手段实现自身既定节点和新节点之间的有效连接和高度互动，借助科学的分析以及有效的决策形成专属于自己的完整的学习网络架构。由此可以看出，学生的新的连接建立的过程，应该是一种多维度的活动过程，也应该是一种多方向的活动过程。这也就意味着在实施和推动高职大学语文教育教学活动的过程中，教师应该将信息技术摆在基础位置，根据学生的实际兴趣喜好和能力情况，制定出更加具有个性化的学习模式，这样才能够大大提升学生的学习质量和学习效率。举例来说，翻转课堂以及微课、慕课等都是值得引入和探索的现代化的教学模式。

第三，基于关联主义的教学观来进行分析，这一理论强调的是开放性和互动性的教学环境的创设，强调的是交互沟通的重要价值和作用。与过去传统教学方式不同，网络环境的交互性特征以及层次性特征十分明显。教师主体与学生主体之间的交互，以及学生主体与学生主体之间的交互是关键内容，与此同时还应该关注学习主体和信息技术之间的交互，学习主体和外界环境之间的交互。这意味着在该学科不断向前发展的过程当中，还应该将良好环境的创设摆在战略发展的位置。大学语文教师应该关注先进教学理念的培养，树立终身学习的基本思维，不断地更新自己的理念，并用先进的理念去指导实际，这样才能够和学生形成更良好的、更有序的沟通互动关系。

二、建构主义理论

（一）建构主义理论的发展历程及主要观点

从理论层面来进行分析，建构主义是心理学理论当中一个关键的分支，在这一理论得到发展和优化以后，建构主义也迎来了良好的发展空间，随后又继承了瑞士认知心理学家皮亚杰“发生认识论”的若干思想和维果茨基“文化历史发展理论”的思想，吸收了美国心理学家布鲁纳的“认知-发现说”思想。

行为主义学习理论十分明晰地提出，教育和环境在人的发展过程中扮演着十分重要的角色，外部环境会对人类的行为产生决定性的影响，学习的过程也是刺激建立的过程和反应关系创设的过程。

认知主义代表性研究人员皮亚杰专门针对儿童知识的自我构建思想进行了一

些探索和分析，其思想也被看成是建构主义学习理论的基础和根基。皮亚杰认为应该从内部动因和外部动因两个层面对儿童的认知发展进行全面的探索，学习的过程也是学习者自我构建的过程。通过这一理论的引导，可以有效地区分孩子们构建的世界模式的差异性，而构建的发展也是需要经历不同的认知环节和认知过程的。同时他还提出发现是学习最基本的原理，任何一个学习者的知识都不是作为一个单独的客体或者是单独的主体而存在的，而是存在着客体和主体之间所形成的建构关系。一方面，新经验的获得一定要有意义，并且需要有原有的经验作为基础支撑。另一方面，新经验的导入和渗透必然会导致原有的经验发生一定的变化。

维果茨基是苏联著名心理学家。他所提出的思想体系也为建构主义的发展打下了坚实基础。他提出要不断地强化人类社会文化活动以及社会活动，这种强化的作用也会推动人类心理认知的发展。教育教学活动、日常生活活动以及游戏劳动活动等的构建，都可以推动儿童认知的不断发展。维果茨基在对教学和发展的基本关联性进行探索和研究的基础之上提出了最近发展区的关键思想。在这一思想当中，他将学生的发展水平划分为两个不同的阶段，第一个阶段是学生已有的、既定的知识水平的阶段，第二个阶段是借助外界因素的不断刺激而帮助学习人员达到某种水平的阶段。这两个不同阶段之间所表现出来的基本差距就是教学最佳效果的产生区域，也就是前文所提到的最近发展区。教育教学活动的实施过程是对学生们既定知识、经验进行考量和分析的过程，也是学生们的学习水平得到不断提升的过程。

早在 20 世纪 70 年代，维果茨基所提出的最近发展区理论就逐渐地传播到了美国。美国著名心理学家布鲁纳积极推动这一理论的发展，并在此基础上提出了一些比较具有创新性的见解和主张。可以说，前人的相关研究活动为建构主义教学理论的高质量发展创设了环境和空间。布鲁纳认为学科基本结构的建构过程实际上是概念内涵以及基本原理相互连接的过程，每一个学科都有专属于自己的知识架构。在知识结构的学习过程中，学生能够实现对知识的迁移和运用。

20 世纪 80 年代左右，多媒体技术和网络信息技术的不断发展，为建构主义学习提供了基本的认知工具，渐渐地形成了激进建构主义等新的流派，主要代表人物是冯·格拉塞斯费尔德。激进建构主义基于认知和传统的客观主义的决裂性发展展开了一些探索和研究。客观世界对个体的影响是比较深刻的，由于每一个学习个体的既定经验不同，他们对于外部世界的理解也各不相同，但是每一名学习人员对外界环境的理解都是从自身的既有经验出发的。

可以说，建构主义学习理论获得了长足的发展和进步，已经从行为主义的客观主义学习论朝着认知主义的相对客观论的方向变化，其内容也变得更为丰富。教学的过程是以学生已有知识经验作为基础，引导学习人员将新旧知识进行相互整合，在旧知识学习的基础上确定新知识的生长点。其中，情景要素、协作要素、绘画要素和意义构建要素是教学环境的四个关键的组成要素。但是从本质来看，建构主义的基本教学策略仍然应该将学生摆在主体位置。

（二）建构主义教学模式的特点

在建构主义理论的支撑和影响之下，教学模式的特点和属性变得更为突出，具体来说，可以从如下几个层面进行分析。

1. 学习主体的创新性

建构主义教学理论提出，教师不应该成为课堂当中的核心，学生也不应该处于被动的知识灌输的状态，教师中心的权威主义应该得到彻底的变革，将学生摆在中心位置。学习人员可以主动地进行外部知识的获取，并且借助“同化-顺应-再同化-再顺应”这一基本过程来实现对知识信息的加工处理。可以说在教育教学改革的过程中，教师不再仅仅是知识的供给者，更是学习人员意义建构的合作者和指导者。教师要注重学生们首创精神的培养。

2. 学习情境的现实性

建构主义理论提出，学习过程需要有一定的社会文化背景作为基础支撑，而且要通过人与人之间的协作活动来让建构的意义更为明显和突出，这也就意味着学习情境的创设和社会的文化背景是应该相互整合的。只有在现实的情境之下进行高质量的学习，学习者才能够更有效地利用自己所拥有的知识进行新知识的构建。可以说，在建构主义理论所认为的学习过程中，教师应该将情境的创设摆在重要位置，当然其中包含的内容也是十分丰富的，例如对于学习活动的组织活动，对于学习者心态的分析活动，对于课堂文化的引入活动等等。

3. 教学方法的互动性

建构主义的教学理论提出学习者群体之间的交互作用对于知识的有意义的建构具有十分重要的推动作用，因此要通过多种方法和途径调动起广大学习者的内驱力，让他们的学习热情得到全面的激发。只有确保学习人员积极参与、有效协商，才能够让其学习的兴趣更高涨，使学习目标得到有效的实现。

4. 学习内容的多元化

在开展学习活动的过程当中，教师应该关注知识的传授，但是知识并不限于课本中的内容，学习人员还应该将各种声音和图像与自己既有的知识结构进行整合，这样才能够让学习的内容变得更丰富、更饱满。这也就意味着学习人员的学习过程既是知识加工的过程，也是思维方式不断优化的过程。要进行各种信息资源的采集和整理，这样所建构起来的内容才是更有意义的，才是更明确的。

5. 学习环境的自由性

学习环境是学习者进行“发现式”和“探索式”学习的场所，建构主义所呈现出来的自由性能够尽可能地规避教师的过度主导和过度控制，能够给学生创造一种相互协作的良好空间氛围。通过这样的建构主义或学习环境的创设，学习主体能够对全新的知识要素进行重新认识和重新编码，同时也能够根据自身的既定经验进行一些调整活动和重组活动，这样一来学习人员掌握的知识也会更高级、更完备。

6. 教学目的的超越性

和传统的教学目标的设定完全不同，建构主义教学理论提出，最近发展区的教学组织活动要将创新作为基本目标，关注学生对于教学内容的有意义的建构活动。学生作为认知的关键主体，应该获得更良好的独立探索的机会，这样才能够使他们对知识进行更充分的消化理解和内化吸收。教学的过程并非完成教学任务目标的过程，而是让学生更深刻地理解知识内涵的过程。

三、能力本位理论

(一) 能力本位教育的内涵

能力本位教育是建立在发展学生职业技术能力的基础上的，其关注的重点是学生能力的培养和实践操作技能的不断提升。时代在不断地向前发展和进步，能力本位教育的内涵也得到了更丰富的延伸。从能力本位职业教育的初级发展阶段来看，很多人员都将个人岗位技能的提升以及职业能力的提升作为重点。但是随着社会的不断发展和进步，人们已经不再单纯地满足于技术方面的提升，而是关注个人的综合发展。因此，将能力本位教育的概念内涵与素质教育的内容进行高度融合，是值得探索和研究的关键问题。

黄日强等（1999）对能力本位教育的核心内涵以及优势作用进行了全面的研究和整理。这些研究人员认为在发展过程中，教育体制改革的广度和深度在不断地扩展，对能力本位教学理论的发展创新提出了更高的要求，同时能力本位当中所蕴含的内容元素也变得更为丰富。人们对这一概念内涵的解读已经不局限于单一的职业教育领域，而是延伸到了整个教育的范畴当中。从内涵层面进行分析，能力本位是当代教育发展的一个全新的理念指引，这一理念和世界职业教育领域中的其他概念内涵存在着本质性的差异，其关键要素就是对能力的理解是完全不同的。在过去的教育理念和教育思维中，社会对于教育活动所表现出来的职业技能的关注程度是相当高的。但是随着社会的不断向前发展和进步，人们认为的能力范畴已经得到了进一步的延伸，职业性和技术性是其关键内容，但并不是唯一的内容。能力本位当中所呈现出来的能力不仅包含实际处理问题能力，同时还包含个性心理层面的相关内容。这也就意味着能力和技能之间是一种相辅相成以及相互推动的关系。技能的形成一定要有能力作为基础支撑。但是从理论知识到能力形成这一发展过程又离不开技能这一关键环节，技能的全面掌握在能力的高质量发展方面发挥了明显的推动作用。

在过去漫长的发展过程当中，教育观点存在局限性，这导致我们对于能力的理解存在着一定的偏差。在职业教育活动当中，急功近利的思想还普遍存在，这也导致职业教育的专业学科设置过度狭窄、有限。职业教育活动的创新发展，始终没有脱离技能的培养与培训这一关键的轨道指引，同时，这也应该成为能力形成的核心和根基。

（二）能力本位教育的特征

在教育体制改革不断向前推进的背景之下，能力本位已经不再是一种传统的知识本位的思维模式，而是得到了一定的优化和创新。能力本位关注的是受教育者个人的兴趣、喜好以及个人的个性特点，关注的是因材施教的主体性教育方式的引入和渗透。与此同时，能力本位还强调知识的内化吸收以及个人潜能的不断发挥。可以说，能力本位当中所蕴含的时代性特征是十分明显的。随着知识经济时代的到来，竞争的最终成败和创新能力之间存在着正相关的关联性。如果失去了能力，在激烈的人才市场竞争当中，人们就不会占据优势。能力本位这一核心观点实际上就是教育对知识发展的一种响应和认可，其所呈现出来的时代特征是相当鲜明的。我们可以将教育的本质看成是人的本质的一种延伸和扩展。能力本位所提出的核心理念就是在个人的人格本质规定的基础之上，实现教育的现实化发展以及具体化发展。

能力本位这一思想的形成也可以被看成是现代社会发展需求的现代教育观的初步形成。我们所处的时代是以知识和能力作为主要基础支撑的知识经济的时代。能力本位明确提出要关注对学习者个性的培养。学习和教育的过程也不再是一个孤立的发展过程。任何一个人的发展都不能脱离社会而存在，人的发展也只有在社会发展中才能彰显其价值和作用。所谓的个体的社会化现象，实际上就是个体被社会所接纳，个体成为社会当中的一个组成分子。而其中的个体化指的就是社会当中的每一个个体，其自身所呈现出来的思考问题的方式以及心理的特征总是和其他个体之间存在着本质性差异。能力本位这一关键理论关注的就是两者的协同整合和高度统一。个人素养不断提升的过程，也是个体化和社会化有序衔接的过程。

从本质进行分析，教育的能力本位价值观是能力本位教育理念的基本出发点，关注学生创新思维的培养，和实践能力的不断提升。在传统应试教育的影响之下，高分低能的问题依然相当明显。解决这一问题实际上也是对教育本质回归问题的处理。

四、情境认知理论

（一）与情境相关概念的分析

布伦特在其论文《理论与实践中的情境认知》中提出情境认知是和信息加工理论完全不同的一种全新的理论架构。这一理论解决了传统认知领域的符号运算方法的漏洞，过度依赖规则和信息描述的认知应该被改变和颠覆，那些忽视了文化和物理背景的认知也是不全面的认知。与此同时，他还提出了这样一个关键观点：人类的知识和互动不能和外部的世界环境相脱离。这充分体现出情境的关键价值和积极作用。但是在实际的学习活动以及生产作业活动当中，我们不能过度关注情境或是环境，也不能只看到个体要素。除此之外，只有真正地实现了人和环境之间的高度协同以及有序整合，才能实现其最终的发展目标。因此，将重点摆在孤立的位置，是一种互动的破坏行为，是抹杀情境价值的行为。研究人员还明确提出，认知科学家比较习惯于使用情境认知，因为他们对个体以及社会层面所表现出来的认知水平表现出了比较强烈的兴趣，他们总是试图从人工智能以及心理学等多个领域对情境认知展开全面的探索和研究，以便能够获得心理学研究人员更多的关注和重视。从本质上来看，情境认知与人工智能和心理学等所研究的学科内容都是高度融合和紧密相关的。可以说，情境认知已经成为学习理论当中不可或缺的关键构成要素，而且情境认知也是认知科学当中的一个关键的组成内容。

威廉姆在其论文《情境学习指南》当中也提出了他的一些想法和主张，他认为情境学习的过程不仅仅是教学的情境化的过程，也应该是和情境密切相关的基本过程。与此同时他也提出了一些相关的建议和想法：情境学习是有关人类知识本质的关键内容，也是人类思维建构和发展的一个基本过程。这一理论明确提出知识并不只是某一件事情，或者一种特征的表现，知识也并不仅仅事实或者规则的简单的堆砌，而是一种动态的组织架构的呈现。就像我们总是会想象或者思考会有什么事情发生在我们身上，就像我们所谈论的事情和做出的事情是相互关联的。我们每个人所做出的行为都基于我们的社会成员角色。尤其需要指出的是，我们要在一个基本的社会情境当中进行构建，但这也会导致我们的思维或者言行受到局限。换一个角度来看，我们每一个人所做出的行为都是和我们的个人社会角色高度相关的，因此，这也是一种社会情境的活动过程。

在《MIT 认知科学百科全书》当中，作者也提出了他的一些想法和主张，他认为情境认知是在一种自然情境之下对认知展开的探索和分析。这一观点提出：个体心理常常产生于构成、指导和支持认知过程的环境之中，实际上认知过程的核心与本质也是和外界的情境高度相关的，并且由情境所决定，因此可以将情境看成是任何一种认知活动的核心和基础。在这一理论当中，他还明确地提出了心理和环境之间所表现出来的互动性。这也就意味着认知心理学对于自然界中的认知是比较关注的，他们认为只有在自然界的情境之下，才能够对人类认知的性能以及局限进行精准的描述。但是心理学研究人员和人类学研究人员所得出的结论和观点各不相同，心理学研究人员认为学习人员是学校当中的学生主体，对单位的情境性活动进行全面的分析，互动的结果一定是有意义和价值的，学习的场所必定是学校，学习的目标是为未来的任务完成打基础；但是人类学研究人员更关注个体和共同体之间所呈现出来的关联性，他们认为学习者是实践共同体当中的关键成员。

（二）建构主义的情境认知学习观

在建构主义心理学的认知当中，课堂的情境认知是一个过程性的概念，它和一定的问题之间表现出了比较明显的关联性，其中对情境认知的理解需要从对问题的理解与解决开始。这也就意味着我们首先要对问题的解决方式进行全面的分析和探索，这样一来也能够为论文建构提供一些参考依据。著名的研究人员卡尔登科尔提出，如果一个人不能简单地借助于行动，从既定的情景进入所需求的情景当中，那么他也就难以进行思考活动。波利亚将问题解决定义为“对摆脱困难的路径进行挖掘和探究，发现绕过障碍物的途径，以达到无法在某一个瞬间实现的预期目标”。梅耶则总结了问题解决的定义：问题解决的过程实际上是一种认知性的过程；我们可以将问题解决看成是一个过程，其中包含问题解决者的实际操作应用能力；问题解决是可以被指导的，可以通过多种方法去尝试和探索，以便实现预期的目标①。

表征过程、策划过程、执行过程以及控制过程是问题解决的四个关键组成要素。从理论层面进行分析，问题表征指的是将提出的问题转化为问题解决者的内部心理表征的活动过程。问题的策划过程指的是对问题的解决进行操作步骤的确定。执行过程指的是对策划的各个要点进行详细的说明。控制过程指的是对其他的过程进行全面的监控，以及对原认知进行调解的过程。一般来说，学校的教育教学活动将执行摆在重要位置，而学生在问题解决学习中遇到的主要困难则是如何表征问题、如何制订计划和如何对问题解决过程进行控制。由布朗·斯福特与斯特恩开发的五步问题解决过程包括：问题识别、问题表征、策略选择、策略应用和结果评价；斯腾伯格提出了六个关键的要素，主要包含问题的确认活动、问题概念内涵的定义活动、问题策略的形成过程、问题表征、资源的分配过程以及

① 辛淼淼．情景教学法在高职高专英语课堂教学中的应用［D］．山东师范大学，2011.

监督评估过程。它们是环环相扣的发展过程，其中前期问题的解决才意味着后续新问题会出现。

本文在研究活动当中基于情境维度、主体维度和过程维度对建构主义的情境认知学习观念的四个关键命题进行了归纳和整理。

命题 1：学习对真实、意义情境的依赖

“情境”是情境认知理论的核心思想之一，提出学习对丰富的以及真实的情境供给的依赖程度是比较高的。知识学习的最终结果要落实到课堂当中和生活当中。学习结果实际上也是各种知识情境的真实的迁移活动。这也就意味着情境认知理论将教学场所和空间作为关键要素，并且认为教学空间的创设也需要有真实的情景供应作为基础。通过对研究内容进行分析整理，可以看出学生们在真实情境当中进行语言学习活动所取得的效果和质量要更为明显。当然，情境的供应一定是有价值、有意义的，这样才能够为学生们真正地理解和接受。

命题 2：学习活动的个体建构特征

不同的学习人员，其学习基础不同，个性特点也各不相同，因此学习活动也表现出了比较明显的个性化特征。每一个学习人员对外部信息的采集活动和理解活动都是有选择性的，其中所呈现出来的主观色彩也是相当强烈的。尽管面临的外部情境高度一致，不同的学习人员由于其知识、经验、思维方式各不相同，所获得的理解程度以及理解方向也是各有差异的。这也就意味着教学情境的创设一定要尽可能地多元丰富、生动有趣，满足不同学习人员的基本诉求，只有这样才能够获得更为多元和更为开放的最终结果。除此之外，不同的学习人员有自己的偏好和取向，他们所选择的学习方法不同，加工方式不同，适合不同学习人员的学习策略也是各有差异的。每一名学习人员都应该对学习过程进行综合的反思，对学习策略进行客观的评价。只有这样才能真正地找到更契合自身的学习方式。当然学生学习的个体性特征也对教育教学活动提出了更高的要求。

命题 3：学习活动的互动建构特征

具体来说，学生们学习的意义建构实际上也是借助和认知情景之间的互动交流来实现的。学习的过程本身就是一个互动交流以及有效合作的过程。所谓互动指的就是两个或者更多的人员进行思想交流以及信息传递的过程。简单来看，就是将自己头脑意识当中的一些想法和信息传递给其他人的过程。互动的过程也是一种合作交流的过程，但是合作将互动作为视野的拓展来看待。对于广大的学生主体来说，学习的过程也是他们依赖自由的知识结构进行各种情境要素的互动交流的过程，其中包含的因素是相当丰富的，例如物理情境因素、社会文化情境因素以及知识情境因素等。

命题 4：学习活动的合作建构特征

从本质进行分析，学习的过程实际上就是一种社会性的发展过程，要积极地营造一种学习共同体的良好环境氛围，在有效的合作以及高质量的协商活动当中实现预期的学习目标。社会建构主义学派的观点相当鲜明，而且其发展的目标导向也十分明确。在这一学派当中，学者们明确地提出了情境认知的概念，实际上就是某一个成员个体的发展意识和整个社会内部其他成员发展意识的高度融合，彰显出了十分明显的合作属性。在教学实践活动不断向前推动和实施的过程当中，只有营造共同活动的环境氛围，才能够为合作目标的实现创设良好的空间。当然活动中的内容也是相当丰富的，认知因素以及各种复杂的文化因素和社会因素都包含其中。在有效的支撑和影响之下，要让学生善于合作，并且使学生在合作的过程当中找到自己存在的价值和意义。

在上述的研究和分析过程中，基于学习主体维度、学习过程维度以及学习情景维度三个层面对情境认知理论中包含的建构主义思想进行了全面的探索和研究，命题 1 对学习活动情境的基本特征属性进行了分析，命题 2 对学习活动的个性化属性特征进行了探索，命题 3 和命题 4 则针对学习活动的基本过程特征进行了分析。特征和属性是否处于科学有序的情形？是否能够真实地反映学习活动规律？这些都是需要重点考量的关键问题，应该基于语言学维度和脑科学的维度展开丰富的论证和不断的探索。

第三节　职业核心能力与高职大学语文的关系

从根本目标的维度进行分析，高职教育实际上就是要为社会培养出一大批高素质和实践型人才。这也就意味着全面提升学生的职业能力是高职院校当前所面临的关键任务。当然职业能力当中所包含的内容也是相当丰富的，例如专业特定能力以及行业通用能力等都是典型代表。高职大学语文教育教学活动在学生核心能力的培养过程当中发挥着十分重要的作用，扮演着十分重要的角色。可以说在职业核心能力培养目标实现的过程当中，语文学科是不可或缺的一个关键影响因素。高职大学语文教学活动的科学化发展，能够让学生们的语文能力和人文素养得到进一步的提升，进而为其职业核心能力的优化构筑起坚实的支撑。

一、语文能力是职业核心能力的重要组成部分

什么是语文能力？从理论维度进行分析，特殊因素论提出语文能力是以语文所涉及的内容和任务作为基本主导，通过对其进行分析锻炼而获得的基本能力，语文能力也是一种比较特殊的能力。在认知结构论中，学者们对语文能力所包含的众多内容进行了总结和分析，其中比较具有代表性的是表达能力和理解能力等。

职业核心能力主要包含和其他人沟通交流的能力、数字应用的能力、信息挖掘和信息处理的能力以及自我学习的能力等。如果从内涵和特点的层面进行分类，则主要包含方法能力和社会能力两个关键的要素。其中方法能力指的是个人的独立学习能力以及信息处理能力，一般来说具有比较明晰的方式。

基于职业核心素养的高职语文能力究竟包含哪些内容？本研究认为高职学生在大学语文课堂中应该形成的职业核心能力包含比较强的语言表达能力和信息挖掘能力，同时还应具有一定的创新能力和人际交流能力。

口头和书面表达能力是语文能力最基础的一个关键内容，指的是能够采取有效的方法和手段将自己的想法表达出来。一般来说，在语文教学活动当中会通过演讲以及辩论的方式来培养学生的口头表达能力和书面表达能力。

信息搜集与处理能力主要指根据有关职业活动的要求，借助现代化的方法和手段进行各种信息资源的收集以及分类分析活动，并在此基础上形成有价值的文字资料和相关数据，使实际工作当中遇到的问题得到有效的处理和解决。

与人交流与合作的能力指的是在进行有价值的沟通活动以及合作活动时，人们可以将自己的思想准确无误地表达出来，这是人们展示自我的一个关键手段，也是人们在展示自我的过程当中不可或缺的一个关键的能力和素养。

创新的能力主要指在高职院校的语文学科教学活动当中进行创新能力的培

养，其涵盖的内容要素相当丰富，思维领域的创新以及想象能力的创新都是其中的核心内容。

二、高职大学语文教学有助于提高学生的职业核心能力

从本质进行分析，借助高职院校大学语文教育教学活动的推进和实施，能够让学生们的语言应用能力以及审美能力得到进一步的提升，同时这对于高职教育目标的全面实现也具有十分重要的价值和作用。

具体来说，主要可以从如下三个层面进行全面的阐述与分析。

首先，借助高职大学语文教育教学活动能够让学生的语文素养得到全面提升，语文能力不断增强。综合来看，语文教学活动当中包含的内容要素相当丰富，听说读写自不必说，同时教师还需要进行一些演讲比赛的安排以及书法练习活动的规划。

其次，高职院校的大学语文教学活动对于学生的人文素养的提升也是相当有利的。而且，作为一个传统的学科领域，语文学习活动还能够帮助学生培养高尚的道德情操，树立正确的价值理念。在每一个文学作品的教学过程当中，教师会对创作的背景进行描述，也会对人物的思想进行刻画，这样一来学生能够更好地了解文化的发展，更精准地了解人性的变化。

最后，高职院校的大学语文教学活动对于学生想象能力以及思维能力的延伸和发散具有十分重要的作用。学生进行语文信息资料的接收和理解时，必然会辅之质问以及思考。这一过程是学生的思考力不断延伸的过程，也是学生的创造力不断优化的过程。

三、加强高职大学语文教学是提高学生职业核心能力的基本要求

我国教育部门明确提出在高等教育学科体系当中进行语文教学目标的设定，将语文学科的人文性特征和工具性特征高度整合。

和思想政治学科及其他的一些人文学科相比较，高职语文学科的职业核心能力培养的亮点优势主要表现如下：

首先，高职院校当中的大学语文教育教学活动基本上都是从文学领域出发的，在教师的带领之下，学生可以在古今中外的文学经典当中感受语言文字的魅力，感受当时的创作背景、人物的基本情感，树立正确、积极的价值观念。

其次，学生敢于探索和分析，敢于进行自我反思和总结。

最后，语文活动和现实生活总是密切相关的，教师可以为学生创造各式各样的练兵场，例如开展校园竞赛活动，安排社会实践活动，通过课本教材内容和实际生活内容的高度整合，学生的自身实力不断优化，自身素养不断提升。

全面加强高职院校大学语文教育教学活动的优化发展，是学生职业核心素养提升的迫在眉睫的任务目标。

综上所述，语文是高职教育学科体系当中最为基础的内容要素，语文教学活动和学生人文素养的提升直接相关。

第二章　职业核心能力培养视阈下高职大学语文课程的定位

第一节　作为高职教育课程的大学语文——职业性

高等职业技术学校的教学任务是以学生的就业发展为根本目标，而高职教育的根本任务是培养具有创新精神，能够适应工作岗位的高素质职业应用型人才，基于此，高职教育的课程设置也具有一定的职业性要求，这与普通高校注重学生知识体系的发展有着明显的不同，所以任何高职院校的教育创新都不能沿着普通高等学校教育发展的思路，而是应该致力于在继承普通高校专业课程的基础上对本身的课程进行改革。最根本的要求是高职课程教学要以培养学生的职业性思维为发展重点，尤其是语文课程，作为学生学习其他课程的基础，语文在培养学生的职业思维和待人处事能力方面具有非常重要的作用，因此语文课程的开发和设计也应该以职业过程和职业任务为基础，注重追求语文课程教学和职业岗位中工作项目的承接，充分体现高职大学语文课程的职业性、实践性以及开放性发展的特征。高职语文教育作为学生学习的基础课程，不仅要帮助学生认识语言，同时也要帮助学生学会如何用语言和文字去解决生活中的问题，应对工作中出现的挑战。语文课程要更加适应高职教育的发展，在高职教育体系中占有一席之地，就必须高度适应现阶段高职课程教育改革的要求，致力于高职教育专业性人才的培养目标发展，让学生在学习语文课程后能够真正地将其应用到相关的技术领域和职业岗位中，满足企业和社会对高职人才的用人需求。

关于高职教育的课程体系定位，石伟平教授在其著作《我国职业教育课程改革中的问题与思路》中进行了充分的阐释，在对我国高职院校当前所进行的课程改革的研究中，石伟平教授认为高职课程教育的基础是文化课程，其中语文课程尤其重要。当前许多高职院校对语文课程的定位模糊不清，或出现很难定位的问题，没有凸显职业教育的特性，这成为制约整个高职大学语文课程改革的重要因素。这对高职大学语文课程的定位发展，提出了两个启示：第一，在高职课程教育体系中，文化课程与一般的技术课程同等重要，甚至在学生初次进入职业教育时更加重要。也就是说高职课程体系如果要构建一个完整运作的系统，就不能忽略文化课程在高职课程系统中的重要作用和突出地位，如果高职院校不重视文化课程的教学改革，就会影响整个课程体系的发展，甚至不能从根本上完成整个高职教育的使命，这就需要高职院校理顺文化课程与技能教育之间的相互关系；第二，高职院校课程体系发展中文化课程的改革发展尤其是语文课程的改革发展尤其重要。众所周知，语文课程是学生学习的最基本的课程，从学生进入校门的第一天起，语文课程就跟随着学生一起发展。语文作为文化课程最重要的一部分，其很难实现改革，语文课程怎么改、如何改已经成为当前吸引广大教育学者的重要课题，其改革成功与否也体现了教育体制发展是否畅通。因此对高职大学语文课程的重新定位就意味着对高职大学语文课程进行变革，让其成为另一种形式，给其赋予另一种内涵，使其成为一种新的课程模式。对于高职大学语文课程的定位来说，技能教育的本质发展必然会对语文课程产生重大的影响，所以高职大学语文课程的定位应与职业教育发展有着本质的联系。

石伟平教授在对当前我国高职院校的课程改革的研究中还标识了高职文化课程改革的根本发展思路，就是要把普通语文课程的内容和高职院校专业的课程教学内容结合起来，进一步强化其专业课服务功能。当前高职大学语文课程改革的重点在于如何将普通语文课程内容和高职专业结合起来。高职大学语文课程发展的根本目标就是要满足学生的职业性发展的需求，使语文课程具备工具性和人文性特征，使语文知识能够真正地用于提高学生的职业技能，既培养学生的人文精神，又推动学生职业能力的发展。那么应该如何定位高职教育课程体系中大学语文的职业性特征？接下来笔者将进行具体的阐述。

一、在语文课程的内容上体现职业性定位

在高职教育课程体系中，为了满足学生的职业性需求，最根本的就是要在大学语文课程内容上进行改革，讲述专业人士的故事和感悟，描述事件的发展，可

以让学生深刻地了解专业性的问题，这对学生职业能力的培养和职业理想的塑造具有很大的推动作用，当前许多高职大学语文教材都对这方面内容进行了很多的探索。如由谢海泉主编的高等教育出版社出版的艺术类专业《高职语文》这本教材，就是以高职院校学生的职业发展为导向，将语文课程与职业院校的艺术专业相联系，选择一些与艺术相关的论作来启发学生的思维，如画论、艺术大家创作的经验谈、艺术论文以及艺术史等与专业相关的知识，激发学生对艺术专业的热情，丰富学生的艺术创造体验，激发学生的艺术创造灵感，让学生在学习基本的语文知识的同时，可以感受艺术带来的独特魅力。语文知识学习与学生的艺术专业学习相互影响，在学生的艺术感悟和艺术观形成以及艺术创造的灵感来源上起到巨大的推动作用。因此这本教材就使原有高职大学语文课程的内容呈现出现职业性定位发展的特征，赋予普通语文教学内容全新的面貌。从这本教材的具体内容上我们也可以看出其职业性定位的准确性。例如教材中选编了《罗丹之约》一文，这篇节选的文章作者是铁凝，让学生了解艺术大家罗丹的故事，能够激发学生对艺术的兴趣。另外一篇《傲徕峰的启示》，作者冯骥才，该文让学生能够从感知调整观察的角度去认识艺术发展的重要性。教材中节选的吴冠中的《且说黄山》以及赵丽红的《流水和高山》，可以让学生在学习基本的语文知识的同时，调动起对文艺和音乐的想象力，在学习文章内容的过程中，拓展自己的艺术思维。选择作者陈从周的《说园》和张抗抗所写的《诗意的触摸》这两篇文章的主要目的就是培养学生对美的造型塑造的感悟能力。此外教材中将张若虚的《春江花月夜》和余光中的《听听那冷雨》以及宗白华的《论意境》汇编到一起，目的就是让学生通过对名篇的欣赏，体会意境，在学习基础的语文知识的基础上，对艺术产生深刻的感悟。一些诗篇的编写可以让学生将诗作读写下来，去感受来自豪放派苏轼以及婉约派李清照等诗人的不同诗情。《月朦胧，鸟朦胧，帘卷海棠红》（节选）是朱自清的代表作，它可以让学生将“画意”表达出来，身临其境地享受语文作品为自身文学修养带来的深刻变革。教材中选编贝聿铭的谈话录，主要目的是帮助学生表达自己的见解和意图，让学生可以通过语文知识的学习，去理解不同作家的风格，并通过作业的展现，如对李清照等一些人物进行海报设计和文字说明，真正地将语文用于艺术专业中，将艺术专业融入语文学习中。同时教材中还像编写杂志一样，展现了一个“书中刊”的内容，即文章中的《博览》，文章用作家、艺术家的作品和文章传达他们各自独特的观察和感受，具体展现进行创造性表现的丰富实践和经验积累，因此，学生可以深刻而全面地了解语文的基本内容，激发自身对专业的热情，培养自身对艺术创作的感悟。学生在学习专业课程时，将语文知识应用其中，既感悟到了艺术的魅力，也体验到了文学之美，同时还能通过语文知识学习，解决专业知识问题，丰富自身的文学和艺术修养。

面对语言类专业的学生，学校在课程教材的选择上具有一致性，但是也可以为其设置专门的语文课程内容。为了让学生可以真正地了解所学语言的文化背景和国家历史状况，在语文课程设置中，教师可以适当地增加一些与本专业相关的文学篇目，从中国和其他国家语言文化发展的角度入手，有意识地增加一些专业文化内容。通过所学语言相关国家文化和本国文化的对比，学生可以体验所学专业语言的语境，也可以适当地丰富自身语言的知识，减少学习专业语言时的差异，有意识地降低母语的干扰，从而有效地提高学习专业语言的质量和效率。在帮助和引导学生提升语文素养和语文能力的同时，实现其向专业素养和专业能力的“迁移”，以提高专业学习的质量和效率。

二、在语文课程的教学方法上体现职业性定位

高职教育课程体系中的大学语文课程的定位在突出职业性特征时，最基础的是体现在教材编排上，而最根本的是体现在教学的方法上，也就是说不仅要在教材的编排上与高职院校的学生职业技能发展相挂钩，同时也要在教学的方法和手段上服务于高职院校专业技能培养的目标要求，让语文教学在学生职业素养养成中发挥作用。

基于此，上海商学院的乔刚教授在语文的教学方法上进行了改革，他在教学中充分地融入专业的要素，使语文课程教学可以充分地满足高职院校学生的职业性发展需求。乔刚教授将《大学语文》作为高职教学的教材选择，并以教材中《郑伯克段于鄢》这篇文章为教学内容，选择高职院校中商贸类专业的学生为教学对象，对其教学方法进行了设计。首先列出了四点疑问：一是这篇文章写作的主要内容是什么？目的是培养学生对文学作品的概括能力；二是文章中主要涉及的人物有哪些？这些人物的形象特点是什么？目的是激发学生待人接物的能力，让学生能够善于观察和了解各色人物；第三是需要学生说明文章中所描写的人物形象所起到的作用，并让学生通过人物的行为举例说明，目的是让学生发现细节，了解概括人物形象；第四是让学生归纳概括所节选的文章的来源《左传》的写作特点，目的是培养学生的概括和总结能力。这些问题的设置与学生的专业素

养发展有着密切的联系，选择商贸类的学生作为教学对象，其专业技能方面的要求主要体现在，学生是否会说话的艺术；是否具备为人处世的艺术；能否运用写作的艺术，这就是语文教学中融入的学生的专业要素。在教学过程中学生可以通过分析作者对颍考叔和庄公的说话细节的描写来思考自己在职场中为人处事的态度以及在职场中需要的说话艺术技巧，从而深刻地了解在职场发展中应该怎样待人接物，怎样处理各方的利益和矛盾。又如课文《冯谖客孟尝君》中通过对冯谖求职过程和在职场中成功秘诀的解读，与学生现代所处的社会发展相承接，教会学生职业成功的重要素养是什么，让学生在真正遇到职业问题时，能够克服职场中的诸多障碍，并形成自我发展、自我塑造的能力，有效地借助教材内容，创新教育方法，将职场的文化、职场的技能和职场的表达融入语文教学中，突出表现高职学生的职业性培养的特征，帮助学生通过对语文知识的学习，树立良好的职业素养。

三、语文课程应在职业能力培养中产生作用

学生职业能力的关键要素多种多样，究竟高职院校的学生应该具备什么样的专业技能，众说纷纭，众多国家的学者都对其进行了深入的研究，例如英国工业联盟、教育与就业部将职业型人才的关键技能划分为六种：一是职业型人才的交流能力；二是人才的数字运用能力；三是人才的信息技术运用能力；四是人才的与人交往和合作的能力；五是人才的自我学习和自我进步的能力以及增进绩效的能力；六是人才的自主和合作解决问题的能力。除此之外澳大利亚也对专业人才培养的关键能力进行了具体的概述，认为人才培养的关键技能应该是可以为工作、为生活、为教育发展的关键能力，主要包括七种要素：一是收集、整理和分析各种资料和思想的能力；二是与人进行思想交流和信息获取、共享的能力；三是筹划和组织各项活动的能力；四是与他人或者团队进行合作和创新的能力；五是自主解决问题的能力；六是运用多样的数学方法和概念的能力；七是运用各项技术的能力。

对于关键能力的表述每个国家都有不同的侧重点，但是从本质上来看都有其趋同性，集中在人与人之间的交往、沟通和合作上，集中在人对世界的理解和改造上，也就是人能否用符号处理自然和社会的问题。语言和文字本来就是符号的载体，所以语文应用的能力直接表现为符号应用的水平，而符号的应用水平又直接体现在关键能力的发展上，所以说语文的教学和学习十分重要，直接关系到人

们关键能力的培养和发挥。语言符号的学习本来就是一个非常漫长的过程，需要不断积累和语言环境的共同塑造。所以说关键能力是一个人得以生存的根本，学校作为学生关键能力培养的重要机构，在人的发展中起到至关重要的作用。如果希望通过课程进行关键能力的培养，零落分散的专业课程显然难以胜任，而以听、说、读、写等语言能力为主要培养目标的大学语文课程则具有无可替代的优势。

当前高职院校由于自身招生的限制，其学生普遍文化课程基础薄弱，语言的习得能力较差，阅读能力欠缺，不能很好地将语文知识应用到实际的学习和工作中，这必将会影响他们未来职业技能的发展。基于此，高职院校的大学语文课程必须注重学生关键技能的培养，在加强实践教学的同时，与学生的专业技能相结合，在与时俱进的基础上，将语文与当代文学、新闻事实和热点、社会生活等相结合，在课程教学中利用案例讲解和课堂讨论以及职业现场模拟等教学方法，让学生真正地将语文技能应用到职业和生活中，适当地锻炼学生的说读写能力，使学生能够深入实际，感受职业的氛围，了解当前社会发展的实际。同时注意积极地延伸课堂的空间，语文课程并不仅仅局限在课堂内，可以将语文的教学课程适当地从课内延伸到课外，例如采用在校内开展人文专题讲座、开展语文知识竞赛和演讲比赛、开设文学选修课程、举办校内征文活动等，让学生能够真正把语文理论知识的学习与社会实践相结合，将知识转化成力量，在学习中收获快乐，潜移默化地提升自己的人文素养，不断地提升自身的写作能力、口语交际能力、职业应变能力和心理的承受能力，在无形的课程参与中提升自己未来职业发展中所必须具备的核心技能。

第二节　高职教育课程体系中的大学语文——人文性

许多专家和学者都对人文精神做过解释，学者刘梦溪曾在自己的著作中对人文学科和社会学科进行了表述。她认为，社会学科主要包括政治学、经济学、社会学、法学等学科，而人文学科则包括语言学、历史学、哲学、艺术学等学科。她还指出，虽然社会学科和人文学科都以“文”为根本研究基础，但是相比较来看，人文学科与人的发展更加接近，甚至可以说人文学科本身就是研究“人”的学科。语言是人类发展的基本特征，而文学是人类思想的一种体现，历史是人类记录和记忆的发展，哲学是人类思想的根本结果，所有的这些学科都与人的发展有着密切的联系，因此对于人文学科的研究和学习也应该具备人文精神。学者杜世忠曾经指出，人文精神就是普遍的自我关怀的精神，其核心主要包括五个方面的内容：第一是要以人为本；第二要尊重个人的意愿、尊严和自由；第三要有完人的思想；第四要强调人的精神实质；第五要注重发扬人的价值观念，提升人的文化素养和水平。人文精神在人的发展中就像一根线贯穿人的生命，它不仅体现着一个人的整体素养，也表明人的成长与进步。所以说人文精神并不是平面中的几个点，而是贯穿整个人类发展的一个面，人文素养的发展是一个动态立体的过程。那么高职教育课程体系中大学语文教学为什么要坚持人文素养？这与语文学科本身存在的价值和高职学生自身的发展是分不开的。

高职教育课程体系中大学语文课程的教学定位坚持人文性，主要有四个方面的原因：

一是语文学科自身的任务和发展的需要。语文学科在学校的教学体系中一直处于基础性地位，任何学校和学习的阶段都离不开语文学科的教学。语文本身就是一门综合性的人文学科，其任务不仅是要指导学生的语言学习，更重要的是要培养学生的语言应用能力，以及学生是否可以通过文字和语言去表情达意，是否能够利用文字和语言承载自己的情、意、理、趣。也就是说语文教学本身的任务不仅是要指导和组织学生大量地学习语言、文字，通过对古今中外的文学著作的学习，探究各个阶段的历史和朝代的文学现象，同时还要组织学生通过对文字的学习和理解去探究世界，观察社会和人生，并通过书写和讲述表达自己的见解和看法，将自己的真情实感表述出来，所以“文章并不是无情物”，语文教学包含着巨大的人文价值，能够帮助人们更好地去认识这个世界，去理解他人。

二是实现高职大学语文教学的根本目标要求。刘春生、徐长发在其著作《职业教育学》中认为，职业教育的培养目标包括培养方向和素质结构两方面内容。其中职业院校的学生的素质发展是培养目标的核心。人文素养的培养主要包括三个要素，即知识、能力和素质。其中素质主要包括科学文化素质、道德素质、职业素质、身心素质等。所以在高等职业教育中人才的培养更要看重学生素质的培养，要与国家和社会的发展以及人的自我发展相适应，在提升学生职业素养的同时，促进学生德、智、体、美、劳全面发展，使之成为社会和企业所需的高素质技能型人才。学者吕新祥在《面向二十一世纪的职业教育观》中指出，当前社会的职业教育或技能教育，并不仅仅是向社会提供劳动培训，更重要的是要培养新一代的劳动者，这些劳动者必须是素质高、技能硬的人才，现代社会对职业技能型人才的需求已经不仅仅局限在职业岗位的发展中，更重要的是延伸到整个人类劳动的职业生涯中，由此可见，在高职院校大学语文课程教学中，坚持人文素养十分重要。

三是有利于发挥高职大学语文的应用特性。高职大学语文教学并不是简单的语文知识讲授，更重要的是要与学生的未来发展相适应，不仅要培养学生的听说读写能力，而且要使学生能够将所学的语文知识真正应用到实际生活和职业发展中，这深刻阐明了人从事具体活动的能力具有综合性质。所以，语文的听说读写能力不是单纯的专门能力，而是一种综合能力。之所以认为听说读写是一种综合能力，是因为这看似简单的能力其实在本质上体现了我们在语言、心理活动以及操作能力方面的熟练程度，熟练程度越高，越具有很强的社会综合能力。此外，这从本质上反映出，听说读写能力主要由语言、听说读写知识和技能、相当的认知水平和人文素养三部分组成。语言，是我们进行人与人之间交流沟通的基本工具，听说读写知识和技能是一个人思想观点、行为规范、道德准则的反映，是衡量一个人知识能力的重要标准之一。我们完成听说读写这一过程以及完成程度的好坏，主要取决于个人的认知水平和人文素养。所以，教师在向学生传授最基本的语法规范和基本的社会生存知识时，除了要关注学生掌握的熟练程度，还需要关注学生的精神层面，在潜移默化中向学生传授正确的价值观念和人文理念，确保学生在掌握基本知识和能力的同时，不断地提升学生的文化素养。

四是以学生发展为目标的要求。对于高职学生而言，开设大学语文课程，提升学生人文素养是学生职业性发展目标的要求。加强听说读写能力培养、提升文学知识储备，可以帮助高职学生培养社会责任感和工作态度，将高职学生培养成为有道德、有责任、有奉献精神和职业精神的优秀职业人。对于许多用人单位而言，除了最基本的职业技能外，从业者本身的思想道德素质也是他们极其看重的一部分。一个具有优秀道德品质但是职业能力略差的工作者要远远优于只拥有高超的实践技能但人品极差的职业者。在能力和道德之间，只有道德没有能力的人是可悲的，但是只有能力没有道德的人却是可怕的，因为职业能力上的欠缺可以借助优秀的思想品质进行学习，但如果职业技能出群，但却没有良好的从业精神和道德品质，不仅会给整个企业带来极大的损失，也会危害社会安定。这就告诫我们，在对高职在校生进行职业能力培养的同时，也不能忽略精神文化的建设，兼顾职业技术和文化素养，才是高职院校人才培养的根本目标，才会为社会培养出健全优秀的人才，不论是任何一个方面的缺失，都会带来社会隐患，因此，加强高职院校人文性教育，符合学生职业发展要求。

第三节　民族文化传承中的大学语文——母语性

一、大学语文——高职院校中唯一的母语教育课程

将中国的优秀传统文化通过潜移默化的形式渗透到大学教育的各个阶段，使学生无形之中在课堂教学以及课下社会活动中感受到祖国博大精深的文化内涵，不断提升我国在校大学生的思想文化素养和文化知识水平，是各大教学单位在教学过程中应当注重的教学目标，也是我国培养优秀人才的重要内容之一。汉语作为我国文化相互连接的重要基石，发挥着重要的母语功能，不仅保证了我国的文化得以传承，更进一步加强了民族的认同感和凝聚力，因此，我们必须要在学生教育过程中兼顾母语的重要作用。在大学以及高职院校所教授的所有课程中，最能体现我国传统文化、展现我国母语魅力的文化课程就是大学语文，大学语文本身所具有的文化性、文学性决定了其在传承母语文化时肩负着重要使命。我国著名教授钟启泉曾经说过，语言经过数千年的发展，其本身的意义和价值已经从最早的工具作用演变成一种可以代表国家文化和国家面貌的重要组成部分，随着社会不断发展，语言本身开始成为具有研究价值和挖掘价值的文化现象，正是由于这种文化魅力，世界各国的语言文化才日益丰富多彩，引人注目。

不仅在我国，在西方，对语言的重视也不言而喻。在西方古代，曾有“自由七艺”的说法，指的是身为一个自由而不受约束的人在社会上应当掌握七大领域的知识，只有这样，才能真正称之为自由之人，而这“七艺”指的就是各种人文学科：文法、修辞、逻辑学（合称三艺），算术、几何、天文和音乐（合称四艺）。不难看出，在“七艺”中，“文法、修辞、逻辑学”演变至今，指的就是语文学科，这“三艺”所蕴含的文化和学识都囊括在语文学科中，成为语文学科教学的重要目标。而在我国古代，语文的重要性更是毋庸赘述，从《大学》《中庸》

《论语》《孟子》到《易经》《尚书》《诗经》《礼记》《春秋》，无一不是在探索语文教育的重要性，这也充分反映了我国古人对语文教育的重视程度。发展到近现代，1912 年，“中华民国”教育部颁布了《中学校令施行规则》，对语文教育提出了新的要求：“国文要旨在通解普通语言文字，能自由发表思想，并使略解高深文字，涵养文学兴趣，兼以启发智德。”1923 年，由叶圣陶起草的《新学制课程标准纲要》旗帜更鲜明，规定了中学语文教学的目的：使学生自由发表思想；使学生能看平易的古书；使学生能作文法通顺的文字；使学生发生研究中国文学的兴趣。简单地说，就是会说，会读，会写，有兴趣。很明显，我国对母语教育的重视程度在进一步加强。2006 年 9 月，中共中央办公厅、国务院办公厅印发的《国家“十一五”时期文化发展规划纲要》指出“高等学校要创造条件，面向全体大学生开设中国语文课。”这一规定，对全国高等学校发展正规、持久、全员的母语教育，提出了明确的要求。

高职院校作为整个国家教育系统的一部分，理应肩负起母语教育的重要责任，在坚持不断提高高职在校生职业技能的同时，重视学生最基础的人文教育、母语教育。在学生的学习课程中，根据实际教学情况，选用合适的母语教材，提高高职学生的基本文化素养，促使高职在校生在掌握实践技能的同时，也可以吸收母语文化的精髓，成为一个有文化、有思想、有胸怀的职业人才。其实，重视母语教育，提高大学语文在整个文化教学体系中的重要地位，不仅是我国正在努力的事情，举目望去，世界各国无一例外地都在加强母语教育，世界各地的学生都在母语的文化熏陶中学习培养最基本的人生观、世界观和价值观，都在母语的熏陶中进一步生长成人。在大学中推行母语教育，是世界各地进行基础教育的一个重要组成部分，也是我国高职院校在进行课程教育时不可忽视的重要组成部分，重视大学语文的教化作用，突出母语教育的优势，是高职院校大学语文教师应该具备的教学能力。

二、高职院校的母语教育是民族文化传承的重要部分

世界各国不遗余力地进行母语教育的最终目的是使国家的每一位公民都可以受到母语文化的熏陶，从而在这种文化环境中不断地思考，成为一个可以为母语发展和母语创造做出一定贡献的人，这也是进行母语教育的重要原因。中国作为四大文明古国之一，上下五千年的优秀传统文化博大精深，源远流长，而这些灿

烂的文化瑰宝之所以历经数千年而不衰，依旧完好无损地冲破战乱、分裂、外祸、暴政而被一代代传承下来，流传至今，最重要的原因就在于我们有一套完善的语言机制，确保这些文化不受侵蚀完好地保存了下来。这样的语言机制中最关键的部分就在于语言文学的记录作用，语言文学是我们生活学习中最基础的一项教育内容，我们生活中的所有活动都与其有着密切的关联，是与我们日常生活最贴近的部分。正因为语言文学的巨大作用，所以我们在进行人文教育时务必要将语言文学教育作为最基础最关键的教学任务。人文教育应该成为中国高等教育必备的基础课程，而大学语文则是人文教育中的基础课程。大学语文之所以能够成为人文教育的最基本课程，是由其本身的特性所决定的。大学语文是弘扬和发展母语文化的基础学科，无论是在语文教学的最基础的拼音、笔画等识字教学中，还是在一篇篇彰显母语文化的精美文学散文中，我们都可以看到大学语文课程对母语文化和民族情感最基本的传承、教化作用。在高职院校开设的各个学科中，我们不难看出，大学语文对母语文化以及我国优秀的传统文化的传承和发扬尤为重要。大学语文所节选的文章、诗词都是从我国的文学宝库中精挑细选而来，各个阶段的不同课程都是根据每一阶段的特点选取适合的文化精髓对学生进行文化知识教育，进而促使不同阶段的学生可以在无形中感受到人文教育的魅力，在潜移默化中感受我国优秀文化的气息，进而内化为自身所独有的社会道德品质。钱理群先生认为大学语文的重心是文学教育，因此用“大学文学”来置换“大学语文”，也是有道理的。值得注意的是，我们所学习的大学语文并不是一味地学习古代的优秀文化而对社会当下的价值观念和社会精神不闻不问。无论是语言还是文学都具有与时俱进的特点，因此，我们在大学语文中所收获的除了那些传承下来的优秀文化精髓，还有许多当下社会所信仰的价值观念和生活态度。

对于高职院校而言，开设大学语文课程，除了教会学生掌握与其学习能力相当的基本语言技能之外，最重要的是在思想上对学生进行熏陶和感染，这也是大学语文最终目标。通过大学语文的学习，高职学生能够不断提升自身的文化素养，树立正确的生活态度和人文精神，这是改善当前高职院校学生语文课程学习能力下滑的重要途径。高职院校的学生之所以会出现基础知识薄弱、语言能力不足的情况，原因就在于他们对自己的母语缺乏热爱之情和敬畏之心，无法从语文课程中感受到母语文化的精髓，无法领悟到文学诗篇中所蕴含的“普世价值”和道德观念，因此，高职院校的大学语文课程应当改变当前的语文教学现状，积极探索，梳理新的教学理念，采用新的教学方法，带领学生重新走进母语文化，培养学生自觉的语文观念和母语意识。

综上所述，高职院校大学语文的课程定位具有职业性、人文性和母语性三大特点。职业性是高职院校大学语文课程所独有的课程定位，这与高职院校本身的教学目标和人才培养目标密不可分，只有充分发挥出其本身的职业性，才符合这门课程的课程目标，才可以帮助高职学生养成良好的职业素养、职业态度；人文性是高职大学语文作为语文课程的一个分支所必须具备的一项课程属性，是区分其与自然学科的基本标志，也可以弥补高职教育课程体系过于工具化、实践化的不足；高职院校的大学语文是传承民族文化的重要载体，是传承民族文化的母语课程，高职学生作为祖国不断发展壮大的有用之才，帮助其学习中华民族博大精深的传统文化，树立民族意识、培养民族归属感和认同感，是高职大学语文本应该有的功能。

第三章　职业核心能力培养视阈下高职大学语文教学改革的内容

第一节　教学方法

一、项目教学法

当今的发达国家大多摒弃了传统专业教学。传统教学由于教学理念落后，理论与实践教学脱节，造成了教学的断层。同时传统教学将课程划分成多种形式，包括实训课、理论课、实践活动等，并且改变教学场合与时间，这种做法严重损害了专业课知识的连贯性与融会性，不利于学生综合能力的锻炼。现阶段，发达国家不再采用传统的知识体系区分方式，转而以项目为主进行划分，推进整个教学过程按照不同的难易程度进行设定，且按照简单到复杂、单向到综合的顺序过渡，使得学生也会循序渐进，充分发挥自己的主动性，不仅学到了文化知识，还可以有针对性地锻炼和提高自己的创新思维与能力，显著提升自己的文化素养。

项目教学法，最早兴起于美国，随后传入欧洲各国，在德国盛行，在各个科目领域都有应用，其中多用于技术教育。项目教学法的核心就在于“项目”的推进，需要师生之间相互合作，共同开展。贯穿于整个教学过程的链条就是项目，这是一种学生能够直接接触项目的全过程的教学方法。在开展教学的过程中，项目一般被认为是具体的工作任务，且具有一定的价值和意义。从教育层级来看，项目教学法是一种高等级的教学方式，在实施项目教学法的过程中，教师要将“项目”以课堂任务的形式交给学生，通过学生分组、教师指导，学生自主进行学习、相互协助，完成整个程序。在完成整个项目的过程中，学生能够自主地寻求答案，掌握技能，提升能力。同时，学生能够获得参与实践活动的机会，有针对性地提升自身解决实操问题的能力，这是一种真实的、能够激发出学生自主能力的教学方式。

在项目教学法中，学习是具有广泛性与普遍性的一种行为，在这个过程中注重的是学生自主学习的能力，以及完成项目的过程，而不仅仅是最后的结果，也就是不以成绩论英雄，不以分数评档次。在整个过程中，学生不仅能够满足自己的求知欲和好奇心，同时还能真正地感受到语文学习所带来的快乐，不断探索未知的内容。同时，通过与团队其他伙伴一同分析项目，解决项目难题，学生也能够锻炼自己的社交技能与团队协作能力，为后期进入就业岗位尽快融入工作团队奠定良好基础。

二、行动导向教学法

行动导向教学法能够激发学生的正面行为，增强学生的实践能力。在实施行动导向教学法的过程中，教师通过创新教学活动形式，营造良好的教学环境，对学生进行正面行为引导，从而有效提高学生的学习信心与热情，促使学生在参与活动的过程中，进行互动交流与合作探究，提升学生的创新能力。行动导向教学法又可以具体划分为多种教学形式，如角色扮演法、项目教学法、案例教学法、模拟教学法、任务驱动教学法、头脑风暴法等。行动导向教学最显著的优势在于注重学生的课堂参与性，且整体形式呈现出多样化的发展趋势。在教学的过程中，教师可以充分应用小组教学、课堂合作探究等方式促使学生主动参与；行动导向教学法强调激发学生的学习主动性。教师在课堂教学的过程中，鼓励学生主动创新，通过丰富教学手段，让学生感受到学习的乐趣与魅力，学生则可以通过教师的前期引导，主动发现并找到问题的解决方案。一般来说，学生在课堂上发表的相关见解都是其创新思维的重要体现。行动导向教学法还主张让学生积极融入课堂，主动参与，但这并不意味着毫无课堂纪律，放任自流。行动导向教学法的应用具有全面的规划，是基于特定的教学目标和课堂教学任务开展的，因此，在推进行动导向教学的过程中，需要注意教学实效性和具体性。同时，在创新教学方式的过程中，教师也要尊重学生的发展特点，并结合教学重点难点，择优选择最佳的教学形式。此外还要结合学生的知识结构、年龄等多种因素开展教学。根据学生的不同差异，因材施教，分层教学，满足不同特点学生的知识需求，尽量给每一位学生展示自己的机会，给予其积极的肯定和鼓励，让学生在教师的认可下，不断完善自身不足。教师需要向学生介绍行动导向教学法的应用优势与价值，让学生主动参与行动导向教学，避免出现适应困难的现象。要密切关注学生的差异化发展，为学生提供长远发展的平台。综合而言，不管是传统教学方式还是行为导向教学法这种侧重学生参与性的教学方式，都需要教师在课前进行充分备课，明确课程教学目标，最大程度地发挥课程教学的价值作用。因此，在具体的操作过程中，教师需要秉承让学生在实践中学习的理念，使学生沉浸在和谐的教学环境中，愉快地获取知识，提高学生的实操技能与创新思维，尽可能地让学生寓教于乐地学习。

此外，为了更好地把控课堂进程，教师要进行课程引导，一方面要为学生营造良好的学习氛围，另一方面要把控学生的参与主题，不能让学生探讨与课程教学无关的内容。为此，教师需要在传授知识的同时，引导学生思考问题，构建新的知识体系，帮助学生更好更快地达成教学成效。在课堂活动中，教师要立足全局，鼓励学生参与课堂活动，让学生大胆说出对教学过程的看法和评价。当学生完全融入教学活动中时，教师要根据参与式教学法的特点对学生思考问题的方法、角度等进行锻炼，全面培养学生的综合素质。学生处于问题探讨的氛围中，能更好地融入课堂，激发自身对语文学习的热情，具备积极向上的学习动机。教师在设计引导问题时，需要结合学生的知识储备以及经验，促使学生对问题产生探索欲望和兴趣，从而让学生主动求知发现问题的多样性，并通过小组互动、师生交流等方式，对问题的共性进行总结概括，并通过有效表达，阐述解决问题的最佳方案与途径。

三、活动教学法

活动教学法的别称叫作活动型教学法，是在教育改革新形势下发展和推广的一种创新教学法。活动型教学法一般要求教师按照教学大纲内容以及学生需要掌握的知识点，根据学生的身心特征，创设和谐的教学情境，从而促使学生自主开展阅读学习，提高自身的学习能力和学习水平。活动教学法的特点集中在学生方面，能够让学生积极调动听觉、视觉、触觉等多种感官，经过大脑系统的统一指挥，获得更多的知识，提升学生的参与度。

瑞士教育学家皮亚杰对活动教学法的发展作出了杰出的贡献，他梳理了活动教学法的起源与发展，对其中的心理学参考进行了透彻、独到的阐述。活动教学法涉及的相关活动与人类普遍进行的活动是不同的，而是具有特殊性和规定性，因此，教师需要在推进教学的过程中，正确引导学生，促使学生独立思考和学习。活动教学法中也蕴含了许多理论知识，需要在教学实践的过程中，不断更新和完善。师生之间的协同关系愈加紧密，在共同研究客体的运动规律的基础上，达成理论和实践的共识，也就是说活动教学法的实施不仅是师生共同认识客体、了解现实情况的过程，也是一个共同协作、解决实践问题的过程，更是探索和发现知识的过程。

通过以上分析，活动教学法的基本概念为在进行教学的过程中创设以学生为中心的，具有创新性、实践性、可操作性的活动，以便引导学生积极参与、深入思考，提高学生的综合能力，促进学生全面发展。

四、情景教学法

20 世纪 30 年代，英国语言学家提出了情境教学法。而在我国情境教学法早已有之，上溯至春秋时期，孔子就提出了因材施教的教学理念，在《学记》中也提到了“君子之教喻也”，强调创设情境在教学中的重要作用。建构主义理论提出，知识的建构是通过新旧知识的同化和顺应而实现的，新知识的建构包含认知结构与性质的变化，并通过个体与周围环境的相互作用而产生。因此，学生学习实际上也与其日常生活、生长、情感、心理都有极为密切的关系。美国学者奥苏泊尔认为在有意义的学习当中，新的知识源于对旧知识的更新与完善，对其施加影响，是指发生同化的过程。通过创设情境，激发学生的想象力，激活其与旧有知识的连接，促使学生构建重要关系，完善建构过程。20 世纪 60 年代，保加利亚心理学家罗扎诺夫首次提出暗示教学法，主张运用游戏、音乐等形式，促使学生获得感性认知，促进学生的全面发展。20 世纪 70 年代，情境教学法在我国获得了发展，李吉林提出了情境教学法的“四大特点”及“五大原则”，并强调要关注学生的创造力，将情境教学法融入整个教学过程中，让学生体验感受知识的内涵，通过丰富的情感体验获得思维的提升。语文教学之目的也正是让学生在了解其工具性的作用之外，更好地培养情感态度价值观。

第二节　课程体系

在推进课程改革的过程中，教师要遵循“以育人为本”的基本思想，推动实现学生全面发展的教育目标。应不断创新语文教学体系，着重培育学生的语文阅读、理解、鉴赏及语文知识应用能力，还要在传授语文基础知识的同时，重视培育学生的人文素养及综合素质。同时，还要重点培育学生的职业素养与技能。在人才培育的过程中，要创新高职大学语文课程，将其定位为培育学生职业能力的重要科目，将职业精神、企业家精神等思想融入其中，并全方位地培育学生的职业技能与综合素养。应构建模块化的语文综合应用教学体系，这一体系不仅能够更新语文教学理念，同时还能扩展语文实训内容，促使语文课程从以往的辅助性科目转变为培育学生职业技能的重要学科，推动语文教学考核评估机制、教学模式的完善与发展，从根本上创新语文教学形态。

针对当前高职学生出现的日常沟通能力差、汉语言应用水平不足、书写不规范等多重问题，基于宏观视角，可以通过明确“以发展学生能力为核心”推动学生职业规划设计，开展多方位、系统化的教学体系改革，围绕培育学生的语文能力，开展多项能力培训项目，比如开设“口语训练、语文写作、阅读赏析”等课程，以满足学生多元化的需求。同时，在尊重语文学习共性的基础上，结合不同专业学生的需求，开展有针对性、特色化的语文教学，综合培养学生的思辨能力、表达能力、语文理解能力与应用能力。在整个教学过程中，要结合学生的学习情况进行教学设计，全面规划语文能力练习模块。

一、在高职大学语文课堂中引入职业培训，构建专门的语文实训团队，团队构建应尽可能地避免熟人的组合，而要随机建立。在组建团队后，要根据团队任务，选出队长，并构建团队文化。为完成团队展示目标，每组选出一位队员进行团队风采展示，展现团队的实训成果。开展此项活动，能够提升学生的表达能力、团队合作意识，并促使学生主动参与活动，培养实践能力。

二、“阅读鉴赏”模块需要将重点放在学生的“听说读写”能力培育上，通过多元化的活动形式，促使学生主动参与阅读鉴赏，思考文章深意，并获得感悟，开展评估。学生通过分析优秀阅读作品，能够全面挖掘作品背后的意义，不断提高自身的阅读鉴赏能力。同时还可以通过与经典对话、经典读书沙龙等探讨活动，共同交流阅读心得与经验，拓展思维，深化语文审美能力，提高人文素养。

三、在“实用写作”模块教学中，通过采取任务驱动法，重点凸显应用文种类、写作形式等内容，带领学生对文中常见的语病等进行分析纠错，改善学生的语言应用能力，促使其写作更加规范得体。如可以在“求职信”这一模块的教学中，通过创设情境，将学生分成不同的小组，并让学生模仿求职电视节目《职来职往》中的求职情境，开展岗位招聘及求职角色扮演。在情境“实战”中，指出学生在求职礼仪、面试表达等方面存在的不足，让学生积累实操经验，避免在未来的求职面试真实场景中产生问题。此外，还可以将讲述实践应用于写作过程中，不断提高学生的写作能力，使其养成良好的写作习惯。

四、在“口语训练”教学中，通过开展读书沙龙、演讲比赛等训练活动，提高学生的口语表达能力。如可以通过开展“唇枪舌剑”活动，聚焦学生都十分感兴趣的话题，组织学生进行联合辩论。在活动开展的过程中，要尊重学生的表达权利，鼓励学生自由表达创意和想法，促使学生在口语交际的过程中保持独立见解，尊重他人，并对自己的观点保持自信，以训练学生得体的表达方式。与此同时，还可以在语文教学过程中，组织学生针对最新的社会热点问题、热点人物等展开探讨，让学生选择自己喜欢的方式进行交流，营造一个良好的师生互动氛围。教师可以采取提问等方式，鼓励学生主动发表观点，认真倾听并与学生平等探讨，鼓励学生自主表达意见，发表想法，提升学生口语学习的自信心。

五、鼓励学生主动参与各种课外实践活动，比如可以举办“经典诵读”“辩论赛”“演讲比赛”“人文知识比赛”“情景剧大赛”等，给予学生实践的平台与机会，让学生能够充分应用所学知识，进行演练和应用。

六、应注重考核过程化、评价证据化。（1）在进行考核的过程中，要秉承“过程性”“终结性”原则。具体来说，过程性评估所指的是，对学生学习语文课程的整个过程进行考评，而终结性评估所指的是对学生的语文学习最终效果进行评价。要转变以往传统的考核方式，促使考核更具多样性，主体更加多元化。可以结合课程改革要求及学生学习现状，将理论课程与实践课程纳入考核之中，重点考核学生的自学能力和知识应用能力，提升考核的科学性。（2）秉承“以能力为导向”的基本原则，对学生的语文知识应用能力进行综合考评，了解学生的方法应用水平与综合职业能力。要给予学生展示实践能力的平台，为学生创造机会，激发学生的学习自主性与独立思考能力，提升学生解决实操问题的能力，实现对学生知识水平、综合素质与能力的综合考评。(3) 遵循多元考核评价的基本原则。针对学生语文学习的考评，不应沿用传统的单一的评价方式，而是要运用教师评价、学生自评及小组评价等多种方式，并按照教师评价、小组评价、学生自评分别占50%、30%、20%的比例，从多方面评价学生，促使学生在反馈中思考自己的不足，学会向他人学习，与他人合作。

第三节　教学目标

明确了大学语文的课程性质，接下来就要明确这门课程主要教给学生什么样的知识，实现学生什么样的转变，这就是对大学语文教学目标的研究。要研究教学目标，首先要明白教学目标的含义。

一、教学目标的基本含义

“教育目标”最早由现代教学论提出，当前国际教育文献又将其称为课程及教学目标。为了对教学目标的内涵进行深入分析，首先需要明确教育目的的概念及定义。

教育目的即教育的发展方向，本质上属于宏观价值的范畴，因此具有普遍性，是教育价值的最终归宿。教育目的同时也出现在国家、学校的教学体系之中，在国家教育方针、教育法等有关表述中能发现其相关内容。实际上教育目标就是基于教育目的而产生的，是教育方针的具体化表现。相较而言，其比教育目的更实际具体，涵盖了多种教育在不同时期的发展价值。比如高等教育、职业教育、基础教育等都具有特定的教育目标。而课程与教育目标则同样是教育目标细分下的具体目标，是对一门学科规定的更具体、更明确的任务指标。总体而言，可以将教育目标认为是整个教学发展的重要方向与终极目标。教学目标是针对教学而言的。只有达成多个阶段的教学目标，才能最终达成教育目标。由此可以看出，当前国际教育文献基于不同目标进行阶段性划分，应该看到其所具有的层次性和阶段性。

本研究主要探讨的目标是大学语文教学目标，本质上也属于课程及教学目标的范畴，是高职大学语文课程重点实现的具体性目标。对教学目标进行分析与研究，不仅能够为教学参考提供可参考的客观标准，同时也能使教师具有一定的目标感，从而努力实现教学的预期效果。那么到底何为教学目标？西方教育学者将其定义为教学要达成的预期的成效，或者开展教学活动后，学生产生的变化。学者布鲁姆曾言："目标所指的就是预期要达成的结果。"我国学者则对教学目标进行了详细阐述，认为其是经过具体化的教育目的，一方面是开展教学活动最终要实现的效果，另一方面也会同样引发教师和学生相关行为与知识的变化。通过以上分析，我们可以看出，当前学术界虽然对教学目标未给出统一的概念界定，但所指基本相同，普遍认为教学目标与教学结果相挂钩，是在教学活动开始之前就应明确的，同时都突出了学生的主体地位。实际上，教学目标要引发学生发生行为变化，而学生通过学习达成最终的结果。

二、大学语文教学目标确定的基本环节

教学目标是教学课程开展的重要基础，同时也是后期教学评估的重要参考。对高职大学语文教学目标进行界定和明确，可以按照以下步骤进行：

（一）明确教育目的的最终要求

从宏观角度来说，教育目的所反映出的是整个教育发展的重要方向，一方面是国家总体教育方针的体现，另一方面也需要对教育培育何种人才进行说明。可以说教育目标是一个国家教育发展的重要风向标。现阶段，我国的基本教育方针为"坚持教育为社会主义、为人民服务，坚持教育与社会实践相结合，以提高国民素质为根本宗旨，以培养学生的创新精神和实践能力为重点，努力造就'有理想、有道德、有文化、有纪律'的，德育、智育、体育、美育等全面发展的社会主义事业建设者和接班人。"在此项方针中明确了国家社会对人才培育的质量要求。基于此，要确定大学语文的教育目的，也需要遵循上述方针目标。教育部颁布的《大学语文教学大纲》（征求意见稿）指出："在全日制高校设置语文课程，其根本目的在于：充分发挥语文学科的人文性和基础性特点，适应当代人文科学与自然科学日益交叉的发展趋势，为我国的社会主义现代化建设培养具有全面素质的高质量人才。"这也是高职大学语文教育的总体目标，是教学期望达到的最终结果。它处于整个教学目标系统的顶端，对下面各个层次的具体目标的确定具有指导意义。

（二）明确大学语文教学目标的基本来源

大学语文教学目标实际上是语文教学活动所要最终实现的结果，同时也是人

们对语文课程的一种宏观设计。一般情况下，教学目标都是优先于教育活动的，且其并非教育者的主观想象，而是在分析客观教育规律后，教育者根据学习者的特征与需求，与社会发展对人才的需求相结合而制定的，虽然具有一定的主观性，但总体仍具有科学性和合理性。

1. 当代大学生的需求

教育从本质上而言是一项实践活动，且具有一定的目的性，教学目标产生于学生的学习需求及未来的职业发展需求。那么，何为学习者所需要的东西？学习者在学习的过程中，有想要成为“完整的人”的需求，需要实现人的全面可持续发展。在社会经济快速发展的过程中，社会竞争激烈，人们之间的交际也日益复杂，高职学生在未来进入社会，仅具有一定的专业理论知识是远远不够的，还需要具备人际交往能力、沟通能力、表达能力、职业能力等综合素质，成为一个全面的应用型高质量人才。

确立高职大学语文教学目标就是为了促进大学生的全面发展，确保高职大学语文教学的实效性，通过建立层次化、多样性、更高水平的目标，满足学生的多元化需求。但一门课程存在的价值首先应满足学生最基本、最迫切的需求。当前高职院校中有许多理工科学生虽然具有较强的专业实操技能，但是由于阅读理解能力、沟通能力不足，无法顺利完成自己的毕业论文，在写作的过程中缺乏写作逻辑和文字应用能力。值得一提的是，仍有许多大学生希望学习语文课程，从而提升自己的语文基础知识，激发学习语文的兴趣，获得思想熏陶及文学修养的提升，增强文字写作能力以及提升阅读能力与沟通表达能力。

现代社会职场竞争日益激烈，高职学生的起点比本科学生低，更需要树立终身学习的理念，通过不断学习获得多项能力的提升。在《大趋势改变我们生活的十个新方向》一书中就明确提及，在信息化社会飞速发展的今天，如何在信息爆炸的社会中取得先机，最为首要的就是要提高自己的读写应用能力。教育学家叶圣陶也说：“大学毕业生不一定要能写小说、诗歌，但需要写作具有扎实性、通顺性的实用型文章。具体立意可以来源于实际生活和工作之中。”要使学生拥有出口成章的本事，有在尽可能短的时间内，迅速、简明、准确地写出他所要表达的东西的能力，就必须加强对这些能力的培养。因此，加强对学生这些能力的训练，既是时代对人才的基本要求，也是学习者自己的需求，是学生能够立足于社会，适应未来职业生活的重要基石。

2. 当代社会生活的需求

制定教育目标也会受到社会经济发展的制约。教育从本质上而言是人类发展前行的重要动力，教育的产生服务于国家战略。对此，在不同的社会发展阶段，教育的要求也有所不同，应针对社会经济发展现状及产业发展需求，培育相应的高质量人才。我国社会现阶段提倡大力开展素质教育，立足于我国社会主义现代化建设的重要时期，我国对高素质人才的培育要求不断提升。培育高素质人才是21世纪我国高等教育必须承担的任务。全面推进素质教育是我国对新中国成立70多年来的教育观念、教育目的和人才培养目标等方面的反思与总结，高职教育也应该将素质教育理念贯穿于人才培育体系当中，创造一个能够让学生自由发展的空间，营造出一种积极的人文氛围，培养学生的人文精神，为学生的全面发展、终生学习提供坚实的素质基础。

在高职院校，针对学生素质教育的培育主要在于推进语文课程教学。高职大学语文教学体现了丰富的人文主义特性，学生通过学习大学语文课程，能够在思想价值观、人文精神等方面受到熏陶，从而有效提升自身的综合素养。从这一层面而言，创新大学语文教学是当代社会生活的需求，是高职院校推行素质教育的重要方式。

3. 当前学科发展的需求

现阶段，我国大学语文教学改革取得了一定成效，但是在高职教育发展的过程中仍然存在许多问题。许多高职院校试图以人文替代语文，还有一些高职院校过于侧重专业课程，从而导致语文课时不断被缩减。从已开设的大学语文的教学效果来看，大学语文在学生中的受欢迎程度不高，选课率一般。当然，上述状况是内因外因共同作用的结果。校领导、学生对这门课程普遍缺乏正确的认识和足够的重视，同时该课程也受学校客观条件的制约，但其实最主要的还是课程本身存在的问题。很多学生学习这门课程，不觉得它能起到什么具体的作用，有的老师甚至也经常被问到这样的问题，“大学语文这门课有什么用?”因此，若想重新开好这门课，真正扭转它的“边缘”地位，就必须明确大学语文的课程性质，切实实现其教学目标，体现出这门课程的教育价值，这是这门课程存在的根本。大学语文教学目标的设定必须与时代的发展要求相适应，与广大学生的需求相吻合，只有这样，它才会成为学生们喜欢的一门课程，构建更为完善的教学体系，并一步步成为与大学生发展需求和时代发展相契合的，有助于推进素质教育的一门基础课程。

三、大学语文教学目标的基本内容

大学语文教学目标是根据总目标确定的，是教学要达到的预期结果。在前文对大学语文课程性质的分析中，我们明确了知识、能力和素质三者间的关系。知识积累、能力培养和素质的养成是统一的、相互关联的，它们是一个有机的结构，是逐步转化、逐步升华的。因此，在对大学语文教学目标的制定中，必须实现知识、能力和素质综合培养、全面提高的目标。

（一）语言文学知识掌握

理工科学生与文科类学生相比，语文基础较差，文学知识较为匮乏，对其进行语文教学，有助于帮助学生更好地开阔视野，构建完善的知识体系。高职院校理工科科目较多，通过学习语文知识，提高学生的人文素养，大力提升学生的审美能力，丰富学生的日常生活，这是社会的需要。中学阶段，语文课本中所划分的单元间没有联系，只是同一单元里的文章体裁相同或相近，根据学生理解程度分为不同册，可能这学期学到的是李白的诗，下学期学到的是杜甫的诗，这样的结果只能是，学生对作家个人有一定的了解，但缺乏整体上的把握。而目前普遍应用的大学语文教材，如王步高版的《大学语文》一书在编排上是以史为纲，这样就会对学生以前学到的文化知识进行整合，使学生形成更为系统的语言文学知识体系。对此，在教学过程中，教师也要以文学史为纲，努力提供给学生中国文学的基本框架，促使其加深对文学历史及脉络的了解，对于不同发展阶段、各种文体的优秀作品有一定的接触和了解，从而对我国文学历史上的重要事件，具有重要地位的文学学者，如诗人、词人，主要的戏曲大师形成一定的认识，并鼓励他们阅读相关作品，知道一些诗歌类型，了解一些作家流派。如讲到《诗经·蒹葭》篇时，最为首要的就是让学生了解《诗经》的重要地位及具体篇幅，它分为风、雅、颂三部分，“风”所指的是什么，“雅”指什么，“颂”又指的是什么。

《蒹葭》是《诗经》中赋、比、兴手法运用较多的作品之一，艺术境界较高，因此，教师也必须让学生们知道什么是赋，什么是比，什么是兴。讲到《论语》时，要让学生知道论是编纂的意思，语是汇集言论和事迹的一种书，《论语》就是记录孔子及其弟子言行的一部书。总之，在浩瀚的知识海洋之中，学生不能只学习部分专业知识与技能，还需要大力加强基础语文知识及应用技能的学习，通过掌握语文写作技能，深入探索人文精神，接受优秀传统文化的熏陶，学会更好的语言表达方式，获得情感与心灵的洗涤。

（二）文章阅读能力增强

随着信息化技术的发展，人们获取信息的方式日益便捷，但是如何提取、分析与整合多样化的信息成为摆在我们面前的难题。阅读具有拓宽视野、充盈知识的重要作用，当知识更新迭代的速度加快，我们需要通过阅读的方式，对外界信息进行有效筛选，并从中获取有用、有益的知识。对此，需要通过大学语文教授学生正确的阅读方法与技巧，让学生养成良好的阅读习惯，而这也是高职大学语文重要的教学目标之一。阅读是个体的一项最基本的技能，是从各种语言符号中习得知识，获取意义的过程，学习阅读从本质上来说，就是学习从大量文字中提取核心信息，学习写作的基本规则。语文心理学提出，阅读活动是个体内部的活动，人们并非机械叙述文章，而是通过内在语言，以自己的话来理解或改造原文的句子、段落，继而深刻理解其中所要表达的思想，并将其内化为自身知识体系的一部分。这时的阅读是一种研究性的读，思考性的读，是以了解意义为中心的一个复杂的智力活动。学生需要在明晰文章基础含义的同时，基于不同的文学作品发表独特看法。

在教学中，阅读学习的过程与培育学生阅读能力是密切相关的。语文阅读的过程，首先是感受语言魅力的过程。在阅读时，我们能够领略到不同文体语言间的差异：记叙文语言通顺、流畅；说明文则更具严谨性和说理性；散文文字优美；诗歌充满诗意感，文字凝练充满智慧。其次，阅读是理解的过程。要让学生通过阅读，对文中所应用的多种表达方式，如描写、议论、叙述等进行学习，明白规范的句式格式、修辞手法和谋篇布局的技巧和方式等。同时，阅读还是吸收的过程。在阅读的过程中，需要对文字符号进行初步感知，此后再通过对文字材料进行分解加工、概括判断等，运用自己的知识体系对文字内容进行理解，从而将其中的新观点纳入自己知识结构当中，等下次遇到类似的情境时便可以随时应用。因此，在教学中，还要有针对性地引导学生通过有效阅读，积累喜欢的词语，如名言警句或优美句子等。通过对词语及美句的收集整理，丰富学生的课外阅读积累，为今后语言的表达和写作提供各种素材。

培育学生的阅读能力，可以通过养成良好的阅读习惯，扩大学生的阅读量。高职大学语文课程的课时并不是非常多，因此难以通过长期的课堂教学激发学生的阅读兴趣，教师更多的是要将阅读延伸到线下，引导学生在课堂下主动阅读经典优秀作品。与此同时，教师还可以引导学生充分将课堂所学的阅读分析技能，应用于课外阅读，提升学生的阅读能力，促使学生激发阅读兴趣，主动阅读学习新的课外知识。

（三）语言表达训练有素

个体在进行社会实践活动的过程中，需要具备的一项基础能力就是语言能力。语言能力是人们进行社会生活、融入职场的重要基础能力。从宏观角度来看，语言能力与个体学习及就业、社会交往等息息相关。在社会中生存，需要进行有效的人际沟通，比如推广产品、洽谈合作等都与语言沟通相关联。作为一项重要的社交工具，语言应用能力在人们的社会生活中扮演着愈来愈重要的角色。值得注意的是，理解语言是真正应用好语言的基础，如果人们不能正确理解语言，就无法通过语言实现自我提升，更谈不上发展。要想提升学生的语言表达能力，促使学生沟通时更加有条有理，层次分明，就需要开展专门的语言表达能力训练。

在语文教学过程中，为了提升学生的语言表达能力，首先要让学生掌握基础的表达知识，了解其基础规律，把握特点和重点所在。对此，可以让学生对优秀的作品进行语言表达技巧的分析，并鼓励学生举一反三，思考这种表达方式在实际生活中的应用场景，把语言表达和内容的表现联系起来，提高学生对语言的驾驭能力。同时，在语文课堂中，教师可以通过设置相关提问引入，引导学生主动思考回答。为了提升学生问题回答的规范性，教师可以要求学生遵循语句的规范和语法知识，同时要具有逻辑性、层次性，重点也应该放在首句，更为明确。除此之外，教师还可以结合语文课文知识，组织相关的话题讨论，让学生进行互动交流及探讨，启发学生对语言表达的深入思考。也可以每节课拿出几分钟让学生自由发言，对自己喜欢的作品进行评析或者进行有主题演讲，以此来锻炼学生的口语表达能力。开展语文能力训练的目标主要是让学生的发言更具条理性，重点凸显，让学生会说话、不偏离主题。总体来说，要让学生学会自信表达，就要选择规范性的、有依据的表达方式进行“听”和“说”。

（四）应用写作水平提高

自古以来，我国学者、文人就非常重视写作。在《左传·襄公二十四年》中谈及“太上有立德，其次有立功，其次有立言，虽久不废，此之谓不朽。”曹丕也提过“盖文章，经国之大业，不朽之盛事”，从这些可以看出，我国古人非常重视写作，甚至将写作与国家大事、建功立业等相提并论。如果说，写作这种能力在古代就已经受到重视，那么到了当今这个时代，它更成为一种普遍的需要，要求我们具备。

哈佛大学文理学院对毕业生的首个要求就是，学生都需要掌握有效的写作方法，具备一定的写作能力。普林斯顿大学对毕业生的第一条考核标准，即是否具备创新思维及写作能力。我国文学学者周扬表示，不管未来是否要当作家，写作能力都是需要首先掌握的一项基本技能。这不仅关系到人们的文化水平，同时还与人们未来的社会生活密切相关。因为写作能力已经逐渐成为人们在社会中所必须具备的一项基本能力。如果高职学生毕业后，不会清晰表达，也不会写作，则难以迅速适应职场工作。对此，有学者指出，高职院校应将培育学生的写作能力作为基本的教学任务之一。但需要注意的是，高职大学语文教学过程中，教师所面对的学生并非一定是文科学生，且许多学生的语文基础较差，写作能力不足，有的学生甚至不具备基本的写作技能。有学者进行过调研分析，大部分高职学生在日常学习和生活中，都面临过写作困境。因为无论是学习还是工作，但凡涉及对事件进行分析及撰写报告等，都需要进行文字表达，甚至可以说每一项研究最终都是通过写作阐述和表达出来的。在课题研究之初要写开题报告，研究过程中要做实验记录，取得阶段性成果或实验结束时要撰写总结报告或科学论文，甚至最后需要著书立说。一般而言，学科论文注重语言的逻辑性、简洁性、层次性，如若学生的文字应用功底较差，则无法将自己做好的研究成果用文字表述出来。对此，提升写作技能不仅仅是深化语文学习的需要，同时也是为大学生今后要面对现实生活作实际的准备，不管学生以后从事什么样的职业，都需要运用写作去解决实际问题。

在高职大学语文教学过程中，教师需要在前期有针对性、有规划地向学生传授基础的文字写作知识，并引导学生进行基础知识的学习，通过各种实践活动，促使学生学会并牢牢掌握应用基础技能，将所学的知识应用于实践当中。同时要借鉴规范的应用文体进行写作，在借鉴范文的过程中，学会从范文中学习写作技巧与表达方式，在借鉴的基础上，逐步学会写作。同时，教师还可以鼓励学生建立自己的读书笔记本，对一些好的句子、文章片段等进行模仿写作，培养学生热爱习作的兴趣，养成定期写日记、创作文章的良好习惯。总体来说，教师要在传授写作知识的同时，融入范文讲解、写作实训等相关内容，全面地对学生的写作能力进行指导和锻炼，让学生学会更加层次化、规范化的语言表达及应用。

（五）审美陶冶与心灵启迪

随着社会物质文明和精神文明的发展，审美教育开始受到社会各界前所未有的重视。在教育过程中，审美是美学的重要内容，其遵循美的发展规律，通过激发学生对美的感知，促使学生获得审美心理与情趣，提升审美意识，树立高尚的审美观，学会辨别真伪，区分美丑，培养学生的审美素养，促进学生的全面发展。著名教育家蔡元培先生曾提出，所有的课程都与美育息息相关。特别是语文科目，因为语文文学是通过文字进行人物形象塑造表达情感的，同时其也会反映社会生活现实情况。文学的基本特质之一就是审美。开展文学教育，能够潜移默化地让学生在学习文学知识的同时，提升审美能力。

高职大学语文教材中选用的许多小说、诗歌、戏剧等篇目，都蕴含了许多美的情感、意象等。作为文学的核心要素，语言的重要性不言而喻。任何一部作品，它的思想内容都需要借助语言来表达；它的人物形象都需要依靠语言来塑造；它的景物都需要通过语言来描写；它的意境都需要凭借语言来展现。可以说，我们每接触一篇优秀的文章，首先往往就是被它优美而深刻的语言所吸引。鲁迅在《汉文学史纲要》中提到，文章要写得好，给人以深刻的启迪与感悟，就需要充分应用语言文字，达到意美、音美、形美的状态，让人获得身心愉悦的感受。因此，在开展教学的过程中，我们要着重对那些意美、音美、形美的语言进行细致的分析。例如，讲到李密的《陈情表》一文时，可以看到的是文中文字富含情感，句式优美，思想内容积极。

在文字方面，要行云流水，通过对仗、寓情于景等方式，交错构成句式，阅读时也朗朗上口，这就是感目、感耳。接下来再说感心。比如李密的《陈情表》这篇文章感情真挚，富含真情实感，在写作自身境况时真实铺陈，在写祖孙相依为命的情感时，则细腻尽致。作者面对忠孝，提出先尽孝，后尽忠，可以说这有悖于常理，但晋武帝却有感于他的孝心，而同意他归乡。在讲解完课文后，教师可以请同学们谈谈对忠孝的看法，在二者难两全时，他们又会如何来对待。这种阅读、分析和讨论，定会引起学生对问题的思考，启迪学生的心灵，对他们产生积极影响。讲解岳飞的《满江红》时就要把重点放在音律上，注意语言的节奏、韵律，有意识地去分析词篇的“音韵美”。这首诗实际是英雄岳飞壮志报国的英雄战歌，作者在作品中使用激烈的言语和急促紧迫、沉郁高亢的韵律来表达自己极其愤怒的情感。同学们在反复朗读这些铿锵有力的词句时，除了能体会岳飞怒发冲冠、仰天长啸的形象，同时还能感受到其民族仇恨与报国热情，从而激发自己的爱国之心，报国之志。还有陈子昂的作品《登幽州台歌》，这首诗应用了长短参差的手法，每一句长短不一，急促不同，表达了诗人自身抑郁不平的情感，同时包含了自己生不逢时、壮志难酬的心酸。在后两句中新增了两个虚词，加之以相关停顿，则让整个句子变得稍微舒缓。但也表达了诗人面对悲怆境况的无奈之情。整篇文章的句子长短不一，且在音韵上也具有层次感，有效渲染情绪，提高了诗歌的感染力，促使学生在阅读以及朗诵的过程中，能够直观地感受到一种悲壮之情，体会到作者虽胸怀大志但却报国无门的悲伤之情。在语文教学课堂上，教师在教授这一课文时，应向学生讲解诗歌的语言之美，同时引导学生主动探索，感受诗中作者的情感和所蕴含的道理，让其学会辨别真善美，假丑恶，发挥教育潜移默化的作用，使学生受教育于不知不觉之中，进一步为学生构建一个完善的审美体系，促使学生主动地对一些高水平的具有文学价值的古典文学或现当代文学进行阅读和思考，提高他们对美的感受力以及创造美的能力。

（六）人文积淀与道德熏陶

文学具有让人情感愉悦，给予人情绪动力的作用，同时还能教会人生活的哲理，促使人明理断事。高职大学语文教学中的课文包含了优秀的传统诗文、名著佳作等，文学性、说理性较强。以优秀的文学作品为载体，引导学生学习课文，感受其中表现的情感，潜移默化地提高学生的思想道德水平与人文修养，促使学生产生对社会发展、对人生的深入思考，并内化为自身的精神财富，树立正确的世界观与价值观。孟子曾言："老吾老，以及人之老；幼吾幼，以及人之幼"的仁政思想；曹操"老骥伏枥，志在千里；烈士暮年，壮心不已"的建功立业的抱负，这些富含哲理的思想都能促使学生树立积极奋斗的人生观，影响学生的为人处世与未来发展。像屈原、李白、杜甫、范仲淹、陆游、岳飞、文天祥等人的诗文中，无不洋溢着对祖国、对人民的爱，富含"先天下之忧而忧，后天下之乐而乐"的精神，怀有"安得广厦千万间，大庇天下寒士俱欢颜"的理想抱负，国难之前能发出"黄沙百战穿金甲，不破楼兰终不还"的壮志豪言，在生死的考验前能说出"人生自古谁无死，留取丹心照汗青"的壮语。这些极度凝练的诗文，集中地表现了诗人崇高的思想和激烈的情感，他们虽然创作于千百年前，但我们今天吟咏起来，内心依然感动，精神上依然可以受到洗礼。可以说，他们的正气，他们的情操，彰显了五千年文化底蕴，是延续至今的精神动力，是现在和平年代促使学生为梦想发奋努力的源头动力，同时也是未来需要不断沿承、发扬的精神宝藏，是我们现代的青年人所需要的精神食粮。文学反映生活，作品透视人生，通过赏析优秀作品，学生能感受到不同的生命形态及其所赋予的人生价值。通过这些作品的描写，可以引导学生对人与人、人与自然、人与社会等关系进行思考，密切关注自己和他人所处的状态及整个社会的发展，从中学会对他人、对社会的关怀与关照。高职大学语文课程教学为学生带来优秀的文化沁润，促使学生加强人文修养，促进学生的身心健康。由此可见，高职大学语文教学要不断创新教学方式，推动完善学生的健全人格，促使学生对待学习、对待人生更具责任感，构建正确的价值观，实现身心的全面健康发展。

从课程性质上来说，大学语文具有基础性、人文性及应用性特征，要推动高职大学语文教学目标的实现，就需要促进学生掌握基础知识，实现理论知识与技能的同步提升。在具体的教学过程中，教师要让学生掌握基础语文知识，并将其应用于写作和表达之中。只有让学生学会阅读，掌握阅读技能，才能提高学生的阅读兴趣，激发他们最原始的阅读动力。以此为基础，教师才能通过一步步引导，在潜移默化间让学生获得人文、道德修养及审美力的提高，使他们产生热爱祖国优秀文化的正确意识。

总体来说，在高职大学语文教学过程中，教师可以通过组织学生开展中外文学作品赏析，锻炼学生的语言表达及写作应用能力，促使学生掌握各种语言基础知识，巩固所学。同时还应重视提升学生的语言表达能力、阅读能力及审美能力等。一方面要提供平台与机会，促使学生掌握基础公文及议论文、记叙文的写作方式，并将其所学写作技巧应用到实际学习和未来工作当中。另一方面，应重视培养学生的审美能力与意识，通过各种文学作品的赏析与感悟，增强其人文修养，为学生开展专业化学习，从事相关工作夯实基础。

第四章　项目教学法在高职大学语文教学中的应用

现代国家越来越重视职业教育，这是一项影响深远的教育任务，而有关其教学策略与方法的创新与使用是不断革新的，教师在授业解惑的过程中，不仅仅要重视自己的知识水平与教学策略，也要充分发挥学生的主体作用，培养其实践能力。培养适应社会与工作岗位的综合性人才，实现中华民族建设社会主义和谐社会的美好愿景。本章以项目教学法为教学策略，研究其在高职大学语文教学中的应用。

第一节　项目教学法的内涵

一、项目教学法的定义

当今发达国家大多摒弃了传统专业教学，传统教学即将专业教学中理论课程与实践教学分离，造成教学的断层，将课程分为理论课、实验课、实训课等，并且改变教学场合与时间，这种做法严重损害了专业课知识的连贯性与融会性，不利于学生学习的综合能力的锻炼。而现今发达国家往往不再以知识体系划分课程，而是按照项目体系划分，教学过程遵循难易程度进行安排，而且以简单到复杂、单向到综合的顺序过渡，使得学生也会循序渐进，充分发挥自己的主动性，不仅学到文化知识，而且还能够锻炼其创新能力与思维能力，培养其文化素养。[①]

项目教学法兴起于美国，之后传入欧洲各国，在德国盛行，在各个科目领域都有应用，其中多用于技术教育。项目教学法以“项目”为中心，是一种师生共同参与实施的教学活动。它围绕项目组织和展开教学，这是一种学生能够直接接触项目的全过程的教学方法。在教学活动中，项目教学法是教育中的高级阶段，而“项目”指的是生产具体的、具有价值的产品的工作任务。在项目教学法中，教师要将“项目”以课堂任务的形式交给学生，通过学生分组、教师指导，学生自主进行学习、相互协助，完成整个程序。在完成整个项目的过程中，学生能够自主地寻求答案，掌握技能，提升能力。同时，这也是学生能够参与实践，培养分析问题、解决问题的能力，发挥出自主能力的一种教学方式。[②]

在项目教学法中，学习是具有广泛性与普遍性的一种行为，在这个过程中注重的是学生自主学习的能力，完成项目的过程，而不仅仅是最后的结果，也就是不以成绩论英雄，不以分数评档次。学生在这个过程中，能够体会到学习的乐趣，满足好奇心，以此探索未知的内容，并在团队合作中学会与人相处的技能与能力，培养自身的合作能力与团队精神。

二、项目教学法的特点

根据《现代职业教育教学参考丛书》，教学方法应该具有以下教学条件：

该工作过程可用于学习一定的教学内容，具有一定的应用价值；

能将某一教学课题的理论知识和实际技能结合在一起；

与企业实际生产过程或现实的商业经营活动有直接的关系；

学生有独立进行计划工作的机会，在一定的时间范围内可以自行组织、安排自己的学习行为；

有明确而具体的成果展示；

学生自己克服、处理在项目工作中出现的困难和问题；

具有一定的难度，不仅是已有知识、技能的应用，而且还要求学生运用新学习的知识、技能，解决过去从未遇到过的实际问题；

学习结束时，师生共同评价项目工作成果和工作学习方法。[③]

---

① 徐锦生．项目学习：探索综合化教学模式［M］．杭州：浙江大学出版社，2012．

② 吴泳玲．项目教学法的理论与实践研究［J］．肇庆学院学报，2012，33（04）：93-97．

③ 苇丽梅．项目教学法在计算机程序设计课程中的应用［D］．华东师范大学，2011．

而作为一种顶尖的教学方法，项目教学法除了具有匹配以上要求的特点之外，还具有以下特征：

（一）项目教学法以项目为主题

项目教学法是一种教学策略，有助于综合分散的知识点，整合课程。教师根据教学目标，结合专业特点与内容，根据学生的特点与现阶段所有技能、知识、能力，制定项目，交由学生去处理与解决。学生个人或者以小组为单位分析问题、寻求答案，以此激发其创造能力、互相合作能力以及解决问题的综合能力。学生可以根据自己的兴趣、爱好以及知识技能的掌握程度来自行设计方案并执行，使用适合自己的有效的方式来完成项目。而这一切的行为都是围绕着项目这个主题而存在的，所以在制定项目的过程中，教师要仔细斟酌、认真考虑，依据现阶段的学习任务与学生学习能力进行选择，但是项目结果并不是具有一个标准的满分答案，而是只要完成了老师的基本要求就可以，基础好的学生可以自由发挥。最后的评定只有“好”与“更好”之分，而不是强硬的“满分”“不及格”等级别划分，这也是项目的一个创新点所在。

（二）项目教学法以学生为主体

项目教学法并不是传统的以教师为主体，学生被动接受知识传输的教学形式，而是改教师单一“教授”的角色为引导者，而学生是知识的主动获得者，在完成项目的过程中，学生是主体，能够运用自己的创造力与吸收能力来获取知识。

项目教学法采用的是小组学习、完成任务的方式，学生们可以规划安排自己的任务，这不仅有益于学生发挥自己的特长，也有益于学生互帮互助、精诚团结的精神的培养，这在当代社会是必不可少的，因为现代社会中交流也是一门学问，学生在这期间能够体味集体与自己成长的快乐。而且项目教学法改变了以往学生被动接受知识的方式，而是提供了教学氛围与基础条件，让学生积极主动地去思考、锻炼、尝试，最终找到解决问题的方法。在项目教学法的实施过程中，学生要自己收集信息、互相交流、选择项目、拟定计划、具体实施、实施结果、评价结果，在每个环节中学生都是主体，自主选择项目和实施方案，所以学生们才是项目的主体，是活动的主人，如此，学生能够综合考虑，既能够全面把控，又能够清楚每一个细节。①

（三）项目教学法能够充分发挥教师的创造性

项目教学法是一种以项目为中心的教学策略，教师要对学生进行相应的引导，而项目是具有学习和研究价值的问题，也是教师斟酌之后出于学生的兴趣所制定的，能够吸引学生进行深入的、认真的研究以及仔细的观察。所以此教学方法是能够激发学生学习兴趣的一种策略。项目教学法灵活且复杂，体现了教与学的主要特征，学生能够自主自觉地完成项目，并且因为是自我感兴趣的话题，所以也会相对高效率地完成该项目。同时，项目教学法要有比较完整的模式，学生出现的问题以及突发状况，对于教师的创造力与应变力是一个挑战，因为在项目实施过程中会出现项目过难或者项目过易的情况，所以教师要依据学生的具体表现进行具体的调整。

（四）项目教学法的教学内容与工作岗位接轨

项目教学法属于行为导向型教学模式，是以工作任务为主导方向的职业教育教学方法，最高目标是养成学生的职业行为能力。这是与当今社会工作岗位相配的。项目教学法具有实践性、自主性、发展性、综合性和开放性等特点。项目的主题与真实世界、工程实际密切联系，使学习更加具有针对性和实用性。项目教学法能够让学生在没有踏入社会前就接触工作岗位所需要的能力与知识。教师要根据具体的课堂教学内容与学生的实际情况，设置一定的教学情境，营造学习氛围，以此启发学生积极思考，激发同学们的探索精神，引导他们发挥主动性，鼓励他们自己寻找问题的正确答案。同时，老师也要根据学生的兴趣爱好与特长，给学生分配相对应的分组与机会，增强他们的自信心，加强他们自主合作的意识，促使他们自主自动，激发其创新性。②

（五）项目教学法的目的是提高学生的职业技能

项目教学法在教学过程中把实际生活中的一些技能与应用引入到课堂中，学生通过分析、制作，实施相关的知识与技能，能够有效地将技能与客观知识结合

---

① 徐明友．项目教学法的实施过程和实施要件［J］．韶关学院学报，2012，32（10）：94-97.

② 徐云霞．“项目教学法”在高职财会专业课程中的应用研究［J］．黑龙江科技信息，2010（07）：140＋176.

在一起，在此过程中，除却学校的既定教材和具体的教学大纲之外，学生还要针对项目查找资料、找寻方法，先用后思、先做后懂，如此，学生能够主动学习技能知识，然后以此解决问题。通过此课程的学习，学生也能够学习其他课程的知识与技能，提高综合能力和自主学习能力。

在这个过程中，教学的重点并不单纯只是积累知识，而是能够完善学生的综合素质，提升学生的职业能力，这种能力是在学习实践中逐渐形成的，所以学校和教师应该为学生提供相对真实的工作场景与相应的工作任务。然后学生就会将自己投身于这种职业氛围中，此时，考试成绩以及项目完成的结果并不是最重要的，重要的是学生能够凭借自身经验，得到不同的对于学习知识与技能的感受，并根据自己的经验与感受进行今后的长久学习。所以，在项目教学法中，学生的学习效果不是一概而论的，因为他们有不同的经验与学习经历，所涉及的知识面也不尽相同。

（六）项目教学法在宏观层面推动了教学的改革

项目教学法的引用可以推动教师的整体教学，为教学方法的研究注入新鲜血液，并且推动教研改革与课程改革。实施项目时，教师要能够灵活地掌握活动时间以及阶段，同时还要注意观察学生的兴趣与特长，使其能够发挥自己的特长，避免自己的弱点，从而设计出既能发挥学生个性又能平衡发展的教学策略与课程计划。

三、项目教学法与传统教学法的比较

传统教学法是传授给学生基础知识和专业知识，以教师讲授、学生接受的形式为主，以“知识”为主题，课程与知识具有连贯性与综合性，教学上强调记忆，这种教学法以教师、教材、课堂为中心，主要形式是强势灌输，忽略了学生创造性思维与职业能力的培养，所以学生的文化素质、综合素质特别是职业素质有所欠缺，二者没有同步发展，长此以往，学生的自身素质无法适应工作和社会的需求，因而，教师需要发挥主观能动性，为学生提供一种适合现代学生特点的、能够促使学生全面发展的教学方式。项目教学法主要弥补了此种缺陷，主要目的就是培养适应社会的综合性人才。①

① 杨艳．基于项目教学法的高职绘画类课程探索与教学实践［J］．青岛职业技术学院学报，2012，25（02）：52-55．

传统教学法与项目教学法主要有以下几个不同点，具体包括教学目标、教学方式、教学过程以及教学结果。

首先，在教学目标方面，项目教学法以学生为主体，使其利用已掌握的知识技能来分析项目、收集资料，从而解决项目问题，提高学生的综合能力。而传统教学的目标是经过老师课堂上的讲解与解析向学生传播文化知识与专业技能，从而使学生获得知识。

其次，在教学方式与过程方面，项目教学法以学生为主体，教师是制定项目的负责人，只是起着引导和指引的作用，学生能够根据自己的现状与特长，采用不同的、适合自己的方式来解决问题。而项目的完成并没有太大的好坏、对错之分，教师在评价的时候通常使用“好”“更好”等委婉的词语。在教学过程中，教师需要很好地引导学生，充分洞察学生的优缺点，从而更好地把握学生的发展趋势与完成项目的可能性；传统教学法中教师是主体，通过讲授来传播知识，学生在教师的带领下完成课后作业以及知识的接受，这种形式忽视了学生的自主性，循规蹈矩，导致学生接受知识僵硬，不能很好地学以致用，学习过程中自如性与主动性有所缺乏。①

最后，在教学结果方面，传统教学中学生学习的动力主要是教师的鞭策与考试的督促，是来自外部的，学习程度不好的学生可能会因为厌倦学习产生逆反心理，主动性不强，而且这种学习可能只能学到固有的知识，无法举一反三，也不能锻炼学生的其他能力；项目教学法以学生为主体，学生并不是一直跟着教师的脚步走，也不是一味地依照老师的评判标准或者意图来完成任务，而是自主发挥才能，运用自己的发散性思维，用不同的形式来完成项目，当然结果也没有好坏之分，对错之分，只有好与更好的区别，这就避免了对完成不好的学生的打击，不会降低其对于学习的兴趣，也能够更好地鼓励学生们更进一步，切身地提高自己的能力，对于学习进行无止境探索。自发的行动总是比客观条件促使的行动更有力量，也更加持久。

四、项目教学法的起源

（一）杜威起源说

关于项目教学法的起源，不同的学者有不同的看法。其中一种看法认为其兴

① 尹维伟．项目教学法在职业院校计算机教学中的应用研究［D］．辽宁师范大学，2011．

起于杜威和其学生的理论和实践。1986年，在芝加哥实验学校，杜威使用了新型的教学方法，即设计教学法，这是一种弥补传统教学弊端的新的教学方法，随后杜威的学生们不断完善与改进了此类教学法。这种教学法包括以下几个层面："必须是一个有待解决的实际的问题；必须是有目的有意义的单元活动；必须由学生负责计划和实行；包括一种有始有终、可以增长经验的活动，使学生通过设计获得主要的发展和良好的成长。"① 教师对教学方法的设计要根据学生的兴趣与特长，形成恰当的学习内容、学习方案，提供寻找正确的解决问题的方法，以此锻炼学生解决问题的能力。这种教学法的主旨就是锻炼学生的自主学习能力和综合能力，而这一主旨和项目教学法基本上是一致的。20世纪80年代之后，项目教学法在多个领域都有所应用，包括职业教育、高等教育及成人教育等，在培养学生的自主学习和综合能力方面有很大作用。②

（二）凯兹博士、查德博士起源说

凯兹博士是美国著名儿童教育家，而查德博士是加拿大儿童教育家，两者一起创造了一种活动教育法，以学生为主体，注重学生的自主学习。在北美，该教学法应用十分广泛。而项目教学法就是起源于儿童教育法。在此之后，香港和台湾的留学生引进了此类教学法，应用到幼儿教育与低年级教学。后来，该教学法逐渐传播到欧洲、南美、亚洲等地，德国引入此教学法并且进行了创新与完善，制定了以行动为导向的项目教学法。21世纪初，查德教授向中国介绍了"项目教学法"，之后项目教学法也得到了各种学者和教育学家的重视。

（三）劳动教育起源说

还有一种说法是劳动教育起源说，按照这种说法，项目教学法最早的起源是18世纪欧洲的工读教育以及19世纪美国的合作教育，之后经过半世纪的完善与改革，这种教学法成为一种重要的教育趋势。这是一种基于工业社会以及网络社会的教育教学法，其主要目的是培养社会实用型人才，这种教学法是顺应时代潮流，根据实际工作情况所采取的一种教育模式。

---

① 威廉.H.克伯屈. 教学方法原理——教育漫谈［M］于建新，译. 北京：人民出版社，1991.15.

② 喻欣. 项目教学法在高职英语教学中的应用［J］. 新课程研究（中旬刊）：职业教育，2010（07）：104-106.

（四）企业起源说

20 世纪 70 年代之后，德国许多企业开发实施了项目教学法，比如奔驰汽车公司开发的“蒸汽机项目”，德国的职业教育也顺应项目教学法的应用潮流，之后项目教学法作为一种典型的教学方法得以推广。从企业和学校的角度来说，项目教学法是一种培养学生综合职业能力的有效途径，特别是在职业技能、团队合作以及与人交流方面。[①]

第二节　项目教学法及应用于高职大学语文课堂教学的意义

在项目教学法中，教学质量的关键在于教学方法。有许多教学法应用于高职大学语文的教学中，而项目教学法应用于语文教学具有独特的意义。

一、微观层面

项目教学法打破了传统教学法的桎梏，开启了教学的新篇章。

（一）教材方面

教学不能全部依靠教材，但是教材确实是一门课程的指南针，引领着学生学习的方向。虽然我国自上而下已经宣扬了多年教育改革，但国内的教育前景依然不是很明朗，仍然采取考试选拔制，并且在短时间内无法改变，那么现今的多人挤独木桥的现状也很难改变，根据国内的情况看来，考试选拔是相对公正的方式，所以这种形式还会继续发挥其功效。

在教材方面，书店里面有关普通高等教育的教材与资料非常多，但是高职的教材却很少，高职大学语文的教材更是少之更少，这说明绝大多数学者和教师都比较关注普通高等教育，而对于高职教育的关注很少，但是在国内的大趋势下，高职教育已经成为高等教育重要的一部分，是不可缺少的。普通高等教育与高职教育的培训进修是不同的，高职教育的大学语文老师缺少理论武装，当然没有办法更好地教育学生，所以只能依照普通高校教育的模式进行教学，而不是成为创

① 张峰，王薇薇. 浅析项目教学法在工业设计专业课程中的应用［J］. 科技信息，2012（32）：3.

新者和启发者，教师一味地灌输知识一定会弱化学生的积极性与主动性。而项目教学法就弥补了这方面的缺陷，虽然这种教学方式不能提供革新的教材，但是可以在侧面起到教材的作用，教师可以根据原本教材的内容，灌输自己的思想制定出新的项目，从而从一种新层面达到改变的作用，改变一贯的关注理论知识学习的状况。① 高职大学语文的教学是不同于普通高校的授课的，因为两者的根本目标与任务不同，而且对象也大不相同。因此教师不能采用与普通高校相同的方式来教学，否则注定会失败。

（二）教学方式

如今的媒体报道中多有高校学生无奈退学，或者毕业无法找到工作，这种情况与人们所期待的高学历会有高收入高发展的前景大相径庭。这是由于当今的教学方式存在很大的弊端，理论知识的教授削弱了学生实践能力与对实践的重视程度，学生们过于重视基础知识技能的学习，而忽略了综合能力的提高，往往是知识得到了增加，但是却无法将知识应用于实践。这是造成学生高分低能、实践能力不高的原因之一。

另外，高职教育要区别于普通高等教育的一个重要原因是其培养对象不同，普通高等教育培养学生是为了继续高等教育，为国家培养研究型人才打下坚实基础，注重人文知识与社会科学的理论基础的沉淀。而高职教育是综合考虑，主要针对工作市场，在关注专业技能与科学文化知识的同时，根据市场导向，力求能够为社会提供大量实用型人才。所以，不同的学生群体，就要有不同的教学方式与教学目的，而项目教学方法就比较符合高职学生的性格特点与学习目标。②

传统式的教学中，老师是主导，学生学习知识是被动性质的。课堂上教师充分发挥了其掌控能力，大部分时间学生都是在听他们讲述。而相对的，项目教学法就改变了这种模式，学生是主体，教师讲授只是课堂的一部分，学生要在教师的指导下完成任务，或者与同学们进行讨论。无论是课内讨论还是完成任务，都是围绕学生而开展的，目的是让学生能够掌握知识，发动自己的创造能力，学会团结协作，这不仅仅是完成一项任务，而且是一种利用自己的聪明才智、调动积极性完成一个挑战，既充满奇思妙想又有紧张气氛，这样的学习氛围与项目设计

---

① 朱枫. 国内项目教学法的研究——兼谈项目教学法对中国外语教学的适用性［J］. 教育理论与实践. 2010，30（27）：54-56.

② 张就序. 基于项目的学习在高中信息技术教学中的应用研究［D］. 内蒙古师范大学，2008.

一直是众多学生喜爱并且想要拥有的，这种形式也会促使学生积极交流与辩论，互相协调、互相帮助，这对增强学生的交流能力有很大帮助。

教学改革的大环境下，高职大学语文课堂不断进行模式和方式方法的探索，课堂形式也在不断发生变化，但是始终没有摆脱教师主导的状态，在课堂中学生往往处于被动地位。教师的讲述有时候会使学生缺乏思考的空间，只能跟着教师的脚步走。而项目教学法以学生为中心，注重实践，学生能够树立自己的主导地位，凭借自己的能力解决问题、完成项目，提升自己的实践能力，这才是教育的核心所在，大胆尝试、积极进取，不相信唯一论，大胆地发挥自己的想象力，不害怕否定和质疑。自己完不成的任务还会有小组各位成员的协作，这种形式可操作性很强，但是对于教师的掌控能力要求很高。教师要能够根据学生的实际情况制定项目，学生也能够自主地选择自己解决问题、完成项目的方式方法。

这种教学方法推陈出新，将学生放置于高台上，而教师只是观众，学生可以尽可能地发挥自己的才能、实践自己的想法，而教师的任务就是接收成果，对于学生的一些可以完善的方面进行指导。这样学生能够不断提高自身技能与能力，并且提高自身对于学习的兴趣，因为这是主动的、自发的，不是教师、家长或者期末考迫使学生必须完成的。点评也不再是固定的及格或者不及格，避免造成学生压力大且自尊心受到影响。①

（三）教学目标

项目教学法另外一个比较突出的方面就是教学目标，与传统教学法不同，项目教学法是基于不同的理念而产生的。针对高职教育的教学理念，项目教学法注重实践，培养专业型人才，面向人才市场，以便学生能够找到理想的工作。另外，传统的教学注重理论知识与科学素养，着重强调学生要利用感官来记忆，特别是语文是一门需要背诵的科目，中学阶段的古诗词默写与要求背诵的课文就是明证。但是这也让原本令人喜爱的充满情感的一门科目变得枯燥乏味，学生被各种背诵任务压制着。而中文的优美，特别是文学的精神层面的价值，却被人忽视了，弱化了。项目教学比较注重结合，知识、工作能力以及情感目标都在项目教学法的教学目标之内，这三个目标可以相互融合、相互作用，最终促进学生的综合素养的提高。

---

① 易守华，朱克忆，张柏森．项目教学法及其在《Pro/Engineer 产品造型设计》教学中的应用［J］．职业教育研究，2006（08）：148-149.

语文教学有其自身特点，不同于数学考验学生的思维能力与洞察能力，语文是要记忆的科目，中国文化博大精深，特别是古诗词，是学生比较头疼的一部分。如果死记硬背，大多数学生会不感兴趣，甚至出现厌烦心理。这是一种压力与负担，与高职教育的教学任务相违背。而项目教学是基于学生、围绕学生而进行的，所以一切都是与学生相匹配的。教师制定项目、实施项目、项目成果的检测，都是与学生相吻合的。所以项目也要根据学生的兴趣点与接受能力来制定，从而更好地完成项目，达到教育学生的目标。另外，项目教学法的教学目标也包括让学生提高语言交际能力，比如，语言中有一种语言被称为“委婉语”，指的是不直接地讲述他人的缺点或者尴尬的言语，所以会用一种比较委婉的表达来讲述，如此会更容易达成交际目的。在项目教学法为主要教育方法的指导下，语文课程会更加注重社会功能，将语言知识自动转化为语言技能，从而使得语文变为更加具有实用性的一门科目。

（四）学习内容

传统的教学内容主要来源于传统教材，并且是很少改变的教材，内容陈旧，无法与时俱进，大多不能满足时代与学生的要求。沿用多年的教材没有新意，会使学生厌倦，在教学上注重的是理论和知识的传输与教导，教师讲台教授，学生记笔记，并背诵记忆。死记硬背占很大部分，特别是语文这种科目。项目教学方法改变了这些学习内容，打破了教师、教材是学生学习的主要来源的中心地位，而是让学生采用自主工作的方法来解决问题、完成项目，教师的主要任务是引导和领导学生，学生会更有深刻的体会，除却表面的记忆之外，也会深刻地了解具体语文知识的应用，引发其深层次的思考与理性的关注。同时也可以使学生养成良好的学习习惯，激发其学习兴趣，提高其实践能力，构建完整的自我知识体系，为过渡到社会做准备。[①]

项目教学法改变了传统的教师、教材为中心的形式，转为以“教学”为核心，以“学习”和“实践”为重点。从而在课堂上统一了教与学、实践与理论，使课堂充满社会的氛围，不仅可以让学生掌握专业知识、专业技能，而且能够培养学生适应社会的能力，让学生提早经受社会与工作岗位的锻炼与磨炼。另外，这种模式也能够让学生感受到学习的乐趣，以及语文这门学科中蕴含的中国独特

① 仪玉莉，胡洋，刘景良．解析高职院校项目教学法中教师的角色［J］．辽宁省交通高等专科学校学报，2009，11（02）：98-100.

文化。与此同时，这种模式扭转了以往教师与学生对立的惯例，提高了学生对于课堂与教师的接受度，激发了其自主学习的兴趣，促使其努力前进、积极探索，最终培养自主、主动吸收知识、技能的能力。

（五）学生评测

传统教学的弊端在于以成绩论好坏，形成了一种固定的氛围：学生、家长都以“分数”为凭证，区分学生等级。这不仅使得分数低的学生的自尊心受到伤害，而且会导致学生形成分数至上的心理，从而不顾一切追求高分，而忽略其他。这种行为不仅使学生变得狭隘，综合能力受到限制，而且同学们之间的关系也会变得微妙，不利于学生良性发展。当代社会新闻媒体有关于学生不堪忍受压力、冲动犯罪的报道不断增多，而且同学关系紧张、师生关系破裂的事件比比皆是。这是引人深思的事情。项目教学法弥补了这一缺陷。分数并没有占很大的比重。教师和学生的态度会从根本上转变，分数只是学生们追求知识、增长技能的一种鼓励手段，一种检测方式。观念的转变才是最根本的改变，教师会以兴趣为引导，学生也会更加自主地学习，而且在项目教学中，学习会从传统的一人行军转变为团体合作、互相交流的状态，更能集百家之长，使学生不断进步。在这种模式的引导下取得的进步，比单枪匹马赢来的分数更值得高兴，也更能激发学生继续学习的兴趣。

项目教学法突破传统教学方法，在学生评测方面有不同的效用。首先，学生不会因为成绩问题而自尊心受创，青少年时期的学生，心思细腻，比较容易受教师和周围同学态度的影响，而项目教学法不会用及格、不及格断定一个人的价值，也不会因为表现不好而否定这个学生；同时这样也不会因为成绩问题出现与同学们关系不好的情况，因为同学们是互相帮助、互相合作来完成项目的，在合作过程中，虽然有讨论争执与辩论，但是同学们终究是为了完成自己的任务，这期间使命感与责任感会得到加强，也会促使友谊的产生。其次，学生会通过这样的测评方式得到鼓励，有助于其建立主动的学习意识，也会促使他们自主查找资料，互相磨合，通过了解彼此的优势和不足，进行合适的分工。然后通过精诚合作，完成此次任务。长此以往，学生掌握了主动权，就会对学习有很强的兴趣，并且能够培养出很强的责任感与观察力，这对于综合能力的培养与提升有很大的效用。①

二、宏观层面

2005年10月，《国务院关于大力发展职业教育的决定》中明确提出“把发展职业教育作为经济社会发展的重要基础和教育工作的战略重点”，要“以服务社会主义现代化建设为宗旨，培养数以亿计的高素质劳动者和数以千万计的高技能专门人才”。所以，对于高职教育的改革势在必行。现在学者也开始关注高职教育，致力于提高高职的教育质量和技能素养，而对于语文科目的改革也是迫在眉睫。项目教学法不仅在教学目标、学习内容、学生评测等方面有很大的改善，在宏观层面也会有很大的效用，具体表现在以下三个方面。

（一）改革教材编制

“据现有的语文教材来看，编排形式基本体现为三种类型：以文体为单元，即依据文体的分类来组织文本；以主题为单元，即根据同一个主题来组织不同的文体；以能力为单元，以语文阅读能力为线索来组织教学单元。”所以，从古到今，语文的编著有不同的形式，也会有不同的优劣势，而“项目教学是一种以职业生涯发展为导向，学生为主体，教师为主导，典型项目为依托，以职业素养为目标，以职业技能鉴定为评价标准的教学策略和教学方法。”② 所以，以项目为主题的课堂，必然脱离单元、课文，而是比较全面性、综合性地根据学生的接受能力与教师的洞察力来制定教学内容，使得语文课堂改变了以往仅仅教师讲授、学生听的形式，不仅具有知识性、综合性、专业性，而且显得灵活而自由。这就少了局限性，使得学生具有自主选择的权利，当然不是教材上的所有内容都适用于项目本身，因此，教师也可以综合地对原教材进行编排甚至改编。例如“参加公司面试”这一项目，就包含了应用文的写作、口语表达、交际礼仪等方面的内容。这些内容分散在不同的单元，囊括了不同的知识，将其重新组合，就成为一个考验综合能力的项目。

项目的制定是与教师的能力有很大关系的，他们不仅要有充分了解教材与语文知识的能力，也要具有能够合理安排项目的能力，从易到难，而且项目选择要

---

① 陈响亮. 项目教学法在高职建筑设计专业中的运用［J］. 中国外资，2011（22）：217.

② 迟全勃. 项目教学法在高职实践教学中的尝试与探索［J］. 北京农业职业学院学报，2009，23（03）：61-65.

求实用性、典型性、覆盖性、综合性、趣味性、挑战性、可行性。也就是说，项目安排的适当与否对于语文课程教授的好坏程度有很大的影响。当然，这种能力的培养也不是一蹴而就的，需要教师从一些小型任务开始，然后逐步加强对课程的掌控，融会贯通，提高自身的整合能源能力以及改编安排能力，如此一来，不仅能够合理制定及安排项目，使学生能够很好地掌握项目内容，同时也能够提升自己的教授能力与综合素养。所以，相对的，教师要提升自己的理论基础，充分考虑职业素养要求，结合教材内容，整合、移位、重组，制定合理而又符合学生现状的项目任务。①

（二）更改教材使用

语文课堂在关注学生的教育的同时，也注重提高教师的专业能力以及其对课堂教学的掌控与模式改善能力。② 而传统情况下，课堂教学以“教材”为中心，即便有一些补充知识，也是围绕教材核心，教师对教材进行透彻分析，掌握重点，进行字词段的教学。

但是突破传统的以教材为中心、为关键，项目教学法强调项目的制定源于书本、高于书本，是理论知识与生活实践的融合，不仅关注知识，更加体现能力。在高职大学语文课堂上，教师不仅改变了以往按照单元上课的习惯，打破一课接着一课的教学格局，而且从一种全新的视野来制定学生的学习任务，自主而灵活地使用教材，打破了按课甚至按册教授课程的格局，创新而大胆地使用“完成项目”来代替以往的按照课程教授的情况。与先前的学习任务相比较，项目教学法更加注重学生的自主创新能力与过程的连贯性综合性，重视学生在完成项目期间体现的实践能力与知识运用能力、建构框架与主动完成任务的能力，而不仅仅是教材规定的科学文化知识。对于学生而言，汲取知识不仅仅在于课堂，也在于资料的收集以及认知的提高，更重要的是对于学习能力的提升，在这期间，学生掌握了主动性，并且乐在其中，思在其中。③

---

① 邓作杰，谭小兰，莫海燕．基于项目教学法的教学实践与研究［J］．湖南工程学院学报（社会科学版），2010，20（03）：91-93．

② 刘平．项目教学法在中职《Flash 动画制作》课程教学中的应用［D］．华中师范大学，2012．

③ 顾雪梅．浅谈项目教学法在大学英语阅读课中的运用［J］．淮海工学院学报（人文社会科学版），2012，10（11）：50-52．

(三) 改变学习方式

传统教育中教师的职责是传道授业解惑，而学生则是马不停蹄地抄笔记，做练习，背课文，这种形式是教与学的单一模式，在这个课堂中，教师是主体，学生是被动的知识接收者。老师与学生会采用提问的形式开展教学，教师在高台上自如提问，学生在台下战战兢兢地回答。在这种情况下，学生始终处于被压制的状态，没有自主思考能力，也没有思想的碰撞，长此以往，学生形成的是固定思维。我国学生一直处于这种僵硬的学习模式的禁锢中，其创新灵光被消磨。项目教学法突破了这种形式，学生是中心，是主体，学生可以主动地将自我设置在具体、生动的情景中，然后自主进入，从而在情景中分析、把握、解决问题和任务，并且其中涉及团队合作，学生可以将自己的思想注入小组合作中，这时候学生是主角，而教师扮演着引导与指引学生的角色，在学生解决问题的过程中给予适当的帮助，在学生完成任务的时候，适当点评，指点能够完善的地方，帮助学生构建一个完整的知识体系。在这个模式中，学习是主要的，教授是辅导式的，教师布置任务，强调让学生思考、实践，项目中包含许多分支与课题，如此可以实现学生语文能力的提升，实践性、主动性、主体性得到充分的重视。学生通过自己的努力完成了一项任务，自身会充满自豪感，对以后的学习更有信心，而即便是完成得没有那么完美，也不会有人责怪，学生的自尊心不会受到损害，而是鼓足勇气继续往前。[①]

第三节　项目教学法应用于高职大学语文课堂的理论依据

一、建构主义理论

建构主义是由行为主义转为认知主义再发展形成的，这是一种关于知识和学习的理论，它源自教育学，最早由皮亚杰提出，他主要研究儿童的认知发展。由皮亚杰带领创立的学派被称为日内瓦学派，注重儿童的习得，认为其主要由内外因相互作用形成，儿童主要通过与周围环境的互动而建构起与外部世界的联系，

① 黄岩．项目教学法在中职护理专业教学中的应用［D］．山东师范大学，2011．

形成对于外部世界的认知，最终形成完整的自身认知结构，因此利用建构主义理论就能够很好地说明学习如何发生，学生学习的意义如何构建，概念怎么形成，以及学生学习的最优环境是怎样的，对于教学设计具有很强的指导作用。因此，建构主义思想指导下的学习理论是相对新颖有效的，能够以此构建比较恰当的学习理论。①

此理论应用于教学方面就提供了一种新型的教学方法，目的是提升教学质量，改进教学方法，研究如何引导学生自主学习，而在学生学习的过程中，教师起到的是辅导者的作用。该理论的主要内容包括：学习的含义、学习的方法、学习的环境、教师与学生的角色等。

建构主义认为，知识并不是全部通过教师灌输而获得的，学习者可以通过与他人相处，通过外部社会文化情景，利用必要的学习资料，进行意义构建。因此，建构主义可以分为四个部分，分别是情境、会话、协作与意义构建。情境指的是学生在学习过程中的环境、情境必须有利于学生对于意义的构建，这就对教学的设计提出了新的要求。所以，在建构主义学习的环境下，教学设计不仅要考虑教学目标，也要考虑情境因素，设置恰当的情境对于学生知识的构建有很大帮助；协作是在学习过程中，学生们发挥互相帮助的精神。在预习阶段，学生互相帮助收集资料以及就课前问题进行讨论。在课堂上，学生对教学内容进行讨论，并且对有问题的知识点先进行同组之间的探讨与讨论。如此一来，同组的智慧与知识可以充分共享，弥补彼此之间的缺点与不足。会话指的是学生进行学习的必要手段，学生进行经验的交流、话题的讨论，以及在完成任务中的手段的探讨都要通过会话进行。② 而意义建构指的是学习的最终目标，学生在经历协作、情境、会话等阶段后，最终要达到的就是意义的构建。在学习过程中探究事物的规律、性质以及事物之间的联系，构建学生自己的知识网络，这种模式也被称为“图式”，是一种人们形成的有关具体内容的知识结构。学习的质量代表着学生建构意义的能力，这种意义的建构并不是学生自己重复教师的教授轨迹，模仿教师的思维逻辑。因而，学生要培养的并不仅仅是掌握和吸收教师讲授或者传播的知识的能力，而是通过学习知识构建意义的能力。

---

① 梁方君．建构主义学习论及其对当前教学改革的启示［J］．佳木斯大学社会科学学报，2003，(03)：76-78.

② 杜爱红．建构主义学习理论对大学英语教与学的影响［J］．江西金融职工大学学报，2006（03）：109-112.

二、人本主义学习理论

人本主义学习理论的代表人物是罗杰斯和马斯洛，此理论认为学习是人们自我实现的过程，其教育观与学习观对教育改革有很深刻的影响。人本主义强调学习是一种自我形成、自我实现，是通往健康之路的钥匙。同时，该理论强调了人们学习过程中的一些因素，比如学习动机、情感、人际关系等，并考察其对于学习的指导作用。[①] 罗杰斯认为，教育是为了培养“人”——这里的“人”指的是“促进变化和学习，培养能够适应变化和知道如何学习的人”。他强调情知合一，也就是情感和认知是合为一体的。人类精神世界就是由情感与认知组合而成，人的身体、情感、精神都是组合在一起的。[②] 而且，罗杰斯认识到，教育要关注受教育者，要给予他们选择方式的机会，一切教学手段与方法都要围绕他们而实施。而学习者要坚信没有任何坚固可靠的知识存在，要学会如何学习和适应世界的变化。意识到知识的可变性与可证性，学习者才会不停地追寻知识，而知识的追寻过程就是寻找真理的过程。罗杰斯将学习方式分为两种：一种是有意义的学习，这不仅仅是增长知识的学习，而且和人们各部分经验相协调，关注个体的行为、态度、个性对个人学习的影响；而无意义学习则是照学照搬，填鸭式的学习。人本主义坚信变化才是唯一的教学依据，重视的并不是教学结果，而是教学过程。因而，其目标是促使学生自主学习，而不是强制学生吸收知识，填鸭式的、枯燥的、无趣的教学并不是最好的选择。[③] 马斯洛认为，每个个体都拥有自己的天性，但是这种天性并不是由经验、感情等决定的，而是由这些因素塑造的。所以，以罗杰斯为代表的人本主义心理学家在教育中倡导有意义的学习，并且推动了教育改革。

三、发现学习理论

发现学习理论是由布鲁纳提出的，他认为学习应该是人们自主形成认知结构的过程，而认知结构包括三个部分，首先是发现信息，获得新信息；其次是整合、转换信息，使其能够应用于新的任务；最后是检测、评价这种接受处理信息的方式是否符合该任务的完成。这三个过程是同时进行的。另外，发现学习法强

① 刘宣文. 人本主义学习理论述评［J］. 浙江师范大学学报，2002（01）：90-93.

② 戴士弘. 职业教育课程教学改革［M］. 北京：清华大学出版社，2007.

③ 倪文锦. 新编语文课程与教学论［M］. 上海：华东师范大学出版社，2006.

调学习各学科的基本结构，倡导发现法学习。发现法，顾名思义，就是让学习者发挥自己的主观能动性，积极设置一定的情境，并在此情境中发现学习的方式方法、相应的学习原理与结论，并且搜集各种相关材料与理论知识，根据这些资料去吸收自己所要学习的知识与技能，如此，学习者在学习知识技能的同时，也锻炼了自己的思维能力、学习潜力，提高了自己的智力与自我组织能力，学会了研究问题的方式方法。①

所以，学习者可以以这种理论作为指导，发挥自身学习的主体性与自主性，在学习过程中主动发现和领悟，关注自身的理性思维与综合性能力，同时学习者的逻辑性思维与动手实践能力也会得到进一步提升，在探究与实践的过程中，学习者会发挥自己的优势，规避自己的劣势，从而对自己的能力与知识掌控形成明确的认知。依靠自己的能力完成任务与知识的汲取，会增强学生的自信心、荣誉感与满足感，也会进一步激发学生对于学习的兴趣，激励其主动发现、自主体验、积极求证并且不断创新。

四、“从做中学”

“从做中学”是由杜威提出的，他认为“做”比“听”更符合为师之道，“所有的学习都是行动的副产品，所以教师要通过‘做’，促使学生思考，从而学得知识”。② 在《明日之学校》一书中，他明确提出“从做中学要比从听中学更是一种较好的方法”。③ 杜威认为，获得解决问题的能力才是最重要的，而这种能力的获得需要通过实践培养，在教育过程中，学生要从传统的被教育者变为主动的实践者，通过自己的实践活动，逐步构建自己的知识结构，将学与做相结合。

杜威觉得，教学活动与科学思维的要素是相吻合的，并且提出了“五步教学法”。第一，学生需要有一个新奇的、能够引起自身兴趣的学习项目去完成，也就是将自身置于某种情景中，从而实现“做”的活动；第二，学习者需要拥有具体实施的内容与任务，也就是一个确切需要解决的问题，作为学生学习的动力与刺激，激发学习者解决问题的好胜心；第三，学习者会有相应的一部分资料与信息，以免毫无头绪，无浊激起自身学习的兴趣，反而丧失信心，没有继续努力的动力，所以，在学习过程中必然要有必要的支撑来实现“做”的结果；第四，在

---

① 雷兵．项目教学法在高职英语教学中的实践与探讨［J］．陕西教育（高教版），2008（01）：37-38.

② 杨文明．高职项目教学理论与行动研究［M］．北京：科学出版社，2008.

③ 杜威．学校与社会·明日之学校［M］．北京：人民教育出版社，2005.

学习者开展任务或者项目的过程中，必然要有独特的方式方法，以此完成这种“做”的过程，由此慢慢培养自己解决问题的能力；第五，在完成任务或者解决问题的过程中，学习者要有机会与条件来验证自己的想法与策划，了解在解决此类问题时，自己的想法与策略是否得当，是否能够有效地解决问题，这是一个针对“做”的结果的检验。由此看来，遵循这“五步”的教学是一个培养学生“做”的过程，让学生主动寻找资料、自主学习、自我验证、自己评价，从而达到学生知识的积累以及综合能力的培养。

在这个过程中，学生是主体，教师是引导者，但是在实施过程中，并不意味着教师就可以袖手旁观，否则就是本末倒置，可能导致学生盲目地“做”，这不仅浪费了时间，可能也会使学生失去信心。所以，强调“从做中学”并不是忽视教师的作用与参与性，而是让教师成为一个指引者，一个方向标，当学生迷茫的时候给予其指示，当学生走偏的时候给予其修正，给予学生提问题的情境，然后在学生们有争论的时候，给予引导与有意义、有技巧的指导，并引导学生进行有效的提炼总结与评价。最后针对学生在完成项目和解决问题的过程中的表现与其掌握的技巧、操作技能，进行方案的分析与测评。

高职教育的目标就是培养高技能、高素质的面向社会的实践型人才，即“一线”型的实用型人才，这种类型的人员并不能仅仅靠课堂培养，而是要综合教育，只有在生产与实践中才能不断磨炼出具体的技能，才能提升自身能力，因而“从做中学”理论对于高职大学语文教育具有指导性作用，在此理论的指导下，学生能够通过实践磨炼自己的专业技能，在学校教育中接触工作岗位的具体要求，为以后就业做准备。

五、“生活教育”

生活与教育的关系历来受到教育者的关注，相关的论著也十分丰富多样，而作为杜威徒弟的陶行知吸收前人的理论观点，提出了“生活即教育”理论。陶行知整合了中西方教育理论，并不断探索、实践，延伸出了生活教育学说。

教育与生活的研究随着社会的不断衍迁而发展。西班牙著名教育家昆体良在《论演说家的培养》中就明确指出，“教育是为了实际的生活”，道出了教育与生活之间的关系。而在《教育漫话》中，英国教育家提出“必须使教育适合学生未来的生活方式，以此代替对所有人实施的始终如一的古典教育”。[①] 随后，卢梭提出“接受严酷考验的选拔的孩子，他们的承受能力将得到极大提高，生活也变得越来越舒适”。说明了教的目的在于使生活变得更美好的观点。德国教育家福禄培尔认为，没有理性、意识的指导，儿童的活动蜕化为无目的的游戏，而不是为生活的任务做准备。这些学者的观点皆是强调生活与教育的关系，认为教育为生活服务，生活是被教育围绕着的，而在杜威的时代中，就已经开始将“生活”与“教育”相结合，将二者融为一体。[②]

陶行知认为，生活即教育，教育应该是在特定的活动环境中不断发展、生生不息的，并不是传统教育中一成不变、墨守成规的。而生活就是教育本身，生活的好坏就代表着教育的好坏。同样，生活的认真或者马虎、合理或者不合理决定着教育是否认真、是否合理。

由此引出的，就是陶行知强调的教学做合一，这是落实与贯彻生活教育理论的基本方式，教育者在教学活动中，要围绕这个核心，将教与学结合起来，反对僵硬的死读书、读死书，改革传统的教育。另外，陶行知先生强调的是以人为本的教育理念，这种理念认为强调什么样的生活就要接受什么样的教育，这也在强调生活的一种表现。因为生活是具体的，是由一个个人组成的，主要通过人的行为来形成生活，而陶行知的观点也在强调学生要主动积极地学习，而不是仅仅为考试而学习，为成绩而学习，这就符合生活教育的特点。生活教育是要教人做人，而不是仅仅完成课业，这是人本思想的一种折射。

六、新课标理论语文观

在高职教育的培养目标中，语文的教育理念就是以学生发展为中心，提高学生的语文素养，同时要以职业为导向，提高学生的语言应用能力，并且在学习选择中，遵守共同基础与多样选择相统一，从而使语文课程更加开放且具有活力。

课程资源的整合是新课标的关键理念，课程的设计者与构建者是学生与教师，改变以往的静态的课程状态，同时，基于新课标的整体理念，学生要树立动态的、主动构建知识体系的观点，使课堂与课程、资源与教学能够进行较好的整合。教师在教学过程中要设置课堂的情境，情境的设置要考虑学生本身的特点与知识水平。而对于学生，教师要注重其在课堂上的主动构建与自我提升，从而实

---

① 王川. 两方经典教育学说［M］. 成都：四川人民出版社，2005.

② 杜威. 学校与社会·明日之学校［M］. 赵祥麟，译. 北京：人民教育出版社，1994.

现动静结合、学思融合。语文教学提倡自我学习、互相合作学习，注重人文精神，同时又将语文的人文性与工具性相结合。

第四节　项目教学法应用于高职大学语文课堂教学应遵循的原则

高职教育培养的是学生的实践技能与应用能力，而在语文课堂上依然是以此为主要宗旨，所以无论是教师还是其他教育者都必须围绕这一核心安排课堂教学。高职教育关注学生自身的知识构建，主要培养学生的合作、自我思索、互相协作、搜查资料的能力。而教师的职责是为学生创设情境、安排项目，是一个课堂的指引者与引导者。在项目教学法实施的过程中需要遵循以下原则。

一、能力性原则

（一）能力性原则的内涵

高职大学语文教学的最终目的是培养学生的综合能力与实践能力，而这也是学生受到语文文化教育的成功的标志。陶行知曾经说过："教育就像喂鸡一样，先生强迫学生学习，把知识硬灌给他，他是不情愿学的。但是如果让他自由地学习，充分发挥他的主观能动性，那效果一定好得多。"① 所以，如果只是按照课本资料中的知识点进行教学，那么就是填鸭式的灌输，要考虑语文课的特点，使语文课有趣味且具有文化氛围，但是同时又要注重专业能力的培养，比如文秘专业要适当地加入一些应用文的写作与会话交际能力的培养。因而，在高职大学语文教学中，真正的能力培养体现在语文素养的沉淀与专业能力的提高两方面，最终使两者互相融合，帮助学生实现自身能力的提升。②

（二）遵循能力性原则

在高职语文教育中，教师并不是直接给予学生知识，而是以项目为主题，进

① 周洪宇．陶行知生活教育学说［M］．湖北：湖北教育出版社，2011．

② 石伟平．时代特征与职业教育创新［M］．上海：上海教育出版社，2006．

行课堂教学，但是要避免因为培养能力而刻意地安排项目，因此，语文教堂中项目的安排是重点。能力性原则的遵守包括以下几个方面：

第一，项目教学要处理好教材与项目的联系与区别。项目的制定源于教材而高于教材，虽然本文一直强调项目制定要符合学生兴趣和知识能力，但是项目教学法是对于教材的改革而不是全部否定。所以，在项目教学法中，项目的安排与制定要依据教材，以此为依托，否则毫无章法地制定，很容易改变原来的课堂的意向。因此，在教材的基础上进行改编，形式和内容会有一定的改变，突破以往一课课的桎梏，并不以此为界限安排任务，而是将一课扩大到“项目”，含义是完成具体的语文任务。但是，项目的最终目的还是锻炼学生的语文运用能力、专业能力、职业能力以及交流能力。

第二，项目教学必须具有启发学生的功能。在项目实施过程中，教师是课堂的指引者与协助者，要适当地安排项目内容与主要任务，目的是提高学生的综合能力与思维能力，同时思维能力也是综合能力的一个重要组成部分，学生是项目的主要完成者、主体，项目要能够启发学生，需要与学生的能力相符合，不能太过于困难，同时又要与他们自身有一定的差距，项目提出之后要能够引起学生们思想情感上的关注，促使他们积极展开思考，解决问题，培养共同合作的能力。①

二、创新性原则

（一）创新性原则的理解

1943 年，《新华日报》刊登了陶行知的观点——创新能力人人都有。21 世纪，人们更加关注创新能力的培养，创新教育已经成为当今教育界的标志。我国第三次全国教育工作会议也强调了创新教育的重要性。该会议提出，创新教育就是培养学生的创新精神和实践能力。而在高职教育中，培养学生的创新能力，首先就要对创造观有正确的认知。创新指的是获得新知识的过程，要通过学习、协助以及自我思考来实现，新知识指的就是知识的创新，通过新的发现，发现新规律，积累经验，在“做”中“学”，在“学”中“做”。②

① 纪芝信. 职业技术教育学［M］. 福建：福建教育出版社，1995.

② 何小刚. 职业教育研究［M］. 安徽：安徽人民出版社，2006.

（二）语文课堂教学的创新

高职大学语文课堂的创新是指突破了传统的教学习惯，不再受教材、课堂或者其他的固有的模式的限制，打破现有教材的安排，加入教师自己的思考与其他相关专业要素，制定一套完整的项目计划，革新现有的教学理念，实现高职课堂教学的价值，用全新的视角、理念来安排课堂教学与学习。比如，在一节诗歌欣赏的课堂上，走上讲台的是学生，而不是教师，发表言论的主体是学生，学生们可以将自己欣赏的诗歌分享给大家。

课堂教学内容的创新之处在于，这种形式突破了教师是学生的指挥棒的设定，也不会有固定答案，而是给学生发挥的空间，避开了时间与空间的限制与束缚，使学生自觉参与主动接受，而不是以往旧式观点的被迫接收与妥协，抹杀了学生的创造性与积极性。高职教学改革要落到实处，高职大学语文课堂也要用先进的、有用的理论支持，转理论为动力和行动。①

三、综合性原则

（一）综合性原则的理解

对于学生来说，要达到职业技能、知识认知和情感倾向相统一的目标，项目教学要能够鼓励学生吸收新的知识，激发学生对学习的兴趣，所以项目的设置必须合理科学，而学生在解析完成项目的过程中，要能够通过现象认识本质，揭露项目任务的复杂性、多样性。这就与传统的教学有所不同。传统教学主要依靠理论知识教学，根据经验与知识的构建是不被允许的，项目教学则认为不管是依据什么原理，不论是什么类型科目的知识，只要能为自己所用，能够对完成项目有所帮助，就可以使用。这样就拓宽了语文课堂教学的范围，做到教学科目之间的综合与贯通，达到学科的相通、无界限。所以，语文的项目教学是在一种融会贯通的、综合性的大学科的情境下，学生们自主学习与不断探索的程序。

（二）遵循综合性原则

在语文课堂中实施的项目教学法是一种综合性的教学，这对于教师来说也是

① 杜吉泽．社会主义市场经济条件下职业教育研究［M］．北京：经济科学出版社，2005．

不小的挑战，最重要的就是项目的制定要科学合理，符合教学的要求。

1. 对于教师的综合素养要求高

在传统课堂上，教师们都是事先安排好、准备好课堂问题、知识传授，并且准备好完整答案，照本宣科，这种教学方法是比较封闭而固定的。在这种情况下，教师不需要现场发挥，也不会与学生有太多的交流和互动，学生的思维会逐步固化，不会想要自己思考，而只是简单地听从教师的安排，死记硬背，固守成规。项目教学法则打破这种形式，师生的主要行为就是互动，而且教师提问的问题是开放性的，没有固定的答案，不拘泥于一种结果，也不是简单地翻翻课本就会得到答案。教师在制定问题的时候，要适当地融合其他学科的知识，因此，教师不能只固定地了解自己本职的学科知识，还要适度地了解其他学科的文化知识，融会贯通，当然教师也要对自己的专业素养充满自信，全面把握自己的本专业，如此才能制定合理的项目，也能够在项目完成过程中给予学生适当的协助与指导。[①]

2. 对于教师的管理能力要求高

项目教学是一种系统性的教学，因此，人员、设施不可缺少。主体是学生，但是教师也是必不可少的，贯穿于项目制定、项目结束、结果测评的整个过程，这对教师的计划、调节、组织协调能力有很高的要求。项目公布之后，学生们要各自组成小组，人员的分配可能有争议，这时候就需要教师进行协调。而学生各自完成进度的调整或者出现了问题，也需要教师进行协助，虽然项目成果不会有明显的阶级区分，但是测评还是不可缺少的，如此才能够帮助学生认识自己的优势与不足，对于学生今后的发展有长足的帮助。所以，教师虽然不再是以往课堂的主体，但是却承担着更大的责任，对自身的要求更高，贯穿于整个阶段。

四、自主性原则

在项目教学中，学生是主体，所以学生的自主性是完成教学的基本原则。“自主性的实质在于通过培养学生的自主意识、自主能力、自主习惯，来充分发挥每个人的创造潜能，促使学生在学习过程中的自我实现、自我创新、自我发

① 翟海魂．发达国家职业技术教育历史演进［M］．上海：上海教育出版社，2008.

展。”[①] 所以，高职大学语文课堂要充分尊重学生的自主性，研究现实生活中的问题，从而促使学生主动获取知识，掌握技能。

(一) 自主性原则的理解

上文提出建构主义非常强调以学生为中心，学生要主动构建自己的知识结构。所以，教师要以学生为主体，以自身为指导，项目进行的各个环节都要围绕学生来开展，让学生能够亲自体会学习中的收获与不足，促使学生相互协作和自我思考。如此，这种体验就会是学生自身拥有的，而不是教师强加灌输的，更加具有可信性与可操作性，所以，在课堂活动中，教师要促进教学任务按照轨道进行，也要关注学生的自主能力与个人意志。[②]

(二) 遵循自主性原则

传统课堂中，学生是知识的被动接受者，而教师是课堂的主体。自古以来，对于语文教育的改革与研究一直没有间断，然而在具体实施中，虽然课改有了质的飞跃，但是在口号的背后，课堂上仍然存在教师为中心、教材为中心的情况，忽略了学生的主体地位与实践能力，学生偏重理论知识学习，思维机械化，理解能力与应用能力也没有得到实质提高。而在项目教学中，一切以学生为中心，学生能够主动构建，而且学生也不一定按照既有的、原定的计划完成项目解决任务，能够充分发挥自己的主动性与合作能力，学习地点与时间也不会受到限制。同时，项目的设定也有一定的要求，必定符合学生的现有水平，教师要充分了解学生的知识构建以及吸收能力，充分考虑设定的合理性。太难会损害学生的积极性，太容易会让学生提不起兴趣。而教师与学生的年龄差距以及经历的不同，也是对教师的一个挑战。

五、平等性原则

课堂教学是一种互动式的项目，是教师有计划有目标的指导，而学生会达成智力的开发，能力也会有所提高。利用科学方法，能够使学生逐步形成优良的品德与科学的思维，而在这种课堂教育中，学生与教师的关系是一个重要的话题，

① 杨文明. 高职项目教学理论与行动研究［M］. 北京：科学出版社，2008.97.

② 顾克蕊. 中职语文教学现状分析及对策研究［D］. 西北师范大学 2006.

只有正确处理好两者关系，教师才能正确引导学生，而学生也能积极地表达自己的想法与观点，重视自己的参与感与责任感。

（一）平等性原则的理解

教学是人们之间精神的流通与交流的活动，这种活动包含两种角色：教师与学生。学生与教师的角色不同，任务与责任也不尽相同，学生可以主动也可以被动，可以是表演者、交际者、解决问题的人，也可以是知识的接收者、模仿者。而教师作为整个活动的参与者，与学生之间是平等交流的关系，互相对话、互相协商、互相探讨，形成一个良好的知识交流的氛围。① 只有在此种情况下，学生才能有勇气提出自己的问题，并表明自己的观点，形成自主思考积极回答的好习惯，增强自信心，提高自我修养，形成正确的认知。否则，学生只依靠教师的教导与灌输，就不可能自己完成项目，对教师会有一定的依赖性与崇拜感，不能形成自己的理性判断。

（二）遵循平等性原则

教师是解惑授业者，以往学者们对于教师是十分标榜的，而教师往往也被誉为“园丁”“灵魂师”“工程师”“太阳下最光辉的职业”。通过这些称呼可以看出，教师在人们的认知中是崇高而不可亵渎的，这就注定师生关系不可能平等，教师具有绝对的权威性，学生不可以质疑。在教授课程时，教师可以任意制定学生学习的内容，重点程度以及教授形式。而学生作为知识的接受者要怀着感恩的心。项目教学法要改变这种不对等的现状，因为在项目的实施过程中，项目的解决也有可能会超越教师的能力与专业范围，所以教师也不可能一手包办，有时候不能凭借自己的知识构建知识，就要从“教”的角色转移到“辅导”的角色，教师提出问题，发现问题，促使学生探究问题、解决问题，提高自身的知识水平和专业技能以及综合能力，与学生进行相对平等的对话与交流。②

在传统教学中学生处于被动地位，是单纯的知识接受者，而在项目教学中，学生是主动的探究者、研究者、实践者与评论者。真正的学习者注重主动性，自己或者通过团队合作解决问题，在完成项目获得满足感与荣誉感的同时，提升自

① 石伟平．时代特征与职业教育创新［M］．上海：上海教育出版社，2006.

② 康锦屏．试论中职语文教学中的研究性学习［D］．上海师范大学 2007.

身的创新精神与合作精神。所以，要遵守平等性原则，就要求学生不能一味地照搬教师的思维与做法，而是要依靠自己的知识积累与经验，加上自己的洞察力，经历自己的知识构建过程，只有慢慢缩短与教师的差距才能与教师平等对话与交流。另外，在团队合作中，学生们要互相协作、互相交流，融入大集体，发挥小组人员集体的力量与智慧，然后确定各自的优缺点，互相学习、调整，完善知识构建过程，提高各自的技能，共同进步、共同学习。所以，学生要自我学习，实施知识的自我构建，自我反思，自我修正，不断提升自我，及时总结，如此才能提升自己的综合能力，才能掌握学习语文课程的正确方法，成为适应职业市场又能长远发展的人才。

第五章　行动导向教学法在高职大学语文教学中的应用

第一节　行动导向教学法的内涵

一、行动导向教学法的应用背景

（一）新课程确立了新的知识观

任何一所学校，都拥有明晰的教学观念。随着社会经济的发展，学校的教学观念也会与时俱进地更新和变化，但是受到传统思维的禁锢，以及国家政策与教学环境等多重因素的影响，教学观念仍然存在较大不足，对学校提升教学质量及培育学生素质产生不良影响。就当前我国的基础教育现状而言，所采用的教学方式和教材统一，虽然凸显了选拔的公平性，但仍然不利于提升教学理念的创新性。在新课程改革背景下，教学手段逐渐丰富。其一，在新课程理念之下，崭新的知识观建立起来，转变了以往单一的课程目标趋向；其二，新课程理念更新了学生观，促使课程发展转变为促进学生的个性发展；其三，新课程理念构建了课程与社会生活的密切关系，促使课程内容与实际生活密切相关。因此，为了促进语文新课程目标的实现，需要大力推广行动导向教学法。基于新课程结构，高职院校大学语文课程也需要不断更新和创新教学理念。新课程目标明确提出，要对课程内容进行创新改革。在此过程中，不仅需要改革以往课程中的严谨的学科体系，以及对经典知识的过分侧重，同时也需要加强课程内容与现实生活、科技发展等之间的关联性。换句话说，新课程提倡，在课程内容改革方面要与社会发展、学生需求相接轨。同时，新课程理念更加重视和强调教材的“范例性”，也就是说不将教材作为学生必须接受的教学内容，而只是将其作为促进学生理解文本、学习知识的重要中介。

（二）赋予教学更多样化的特色

总体而言，基于新课程背景，需要转变以往课程与教学的单一关系。要实现这一目标，则需要教师更新以往教学的工具价值观念，加强对课程教学的研究，深入分析课程与教学之间相互融合的关系。突破以往通过固有方式进行教材大设计的模式，创造性地基于学生的实际生活进行教学方法的更新，让学生拥有全新的课程体验。

从某一特定情况来说，学生观所反映的是整个学校的教学理念，同时也应该作为教师行为的起始点。传统的教学理念下，课堂以教师为主导，而学生则是被动的知识接受者，这种单一的课堂教育模式，不仅缺乏互动，同时还会对创新学生观造成负面影响。在这种课堂氛围和环境之中，学生的主动性和创造性无法得到充分激发，导致学生在课堂学习的过程中，只是机械地学习书本知识，不利于学生能力的创新与开发，同时也限制了学生观的发展。新课程改革对学生的主导地位予以充分重视和倡导，并将学生的个性发展和课堂主体性置于首位，强调课堂教学要凸显创新性，促使学生通过课堂学习获得知识，实现个性发展。要更好地推进这一理念的实施与应用，就需要教师更新传统观念，将课堂的主体位置还给学生。此外，还应通过增强学生的主动学习意识等转变学生学习理念，促使学生发挥学习的主观能动性，对所学内容进行深入思考，举一反三。同时，教师也可以结合每个阶段不同的教学重点及内容对学生进行学习启发，鼓励学生开展多样性的教学合作探究，并加强知识体系的构建。

（三）教师更加关注学生的人性发展

具体而言，教师应改变以往的自我权威为主的思想，放下对教学课堂以及学生的权威性垄断，并对教学方法与手段进行创新，同时明确自己的教师角色定位，并发挥教师引导作用，进一步对学生学习进行科学启发。事实上，“教育”源于引导，教育者从根本上而言，也是一个“引导者”。此外，伴随着基础教育课程改革的发展，教师的“研究者”角色也日益重要，从这一层面而言，教师需要对现有的教学观念进行扭转和改变，加强对课程内容的创新，通过不断思考，反思自己的教学实践，立足于教学现状进行开拓创新，从而推进教育研究的长远性、自觉性发展。

上述角色的转变实际上也会对教师的专业能力及综合素质提出新的挑战。基于这一现状，教师还需要秉承“终身学习”的理念，通过不断学习提升专业知识水平，为教学方法创新夯实知识基础，采取全新的教学方法，对教学课程进行探索与创新，不断反思并提升教学水平。

新课程理念加强了对教师的要求，教师需要密切关注学生的需求，促进学生的个性发展。教师在课堂教学的过程中，要转换角色，以学生为教学主体，给予学生充分的自我展示及学习空间。此外，教师也要提升教学课堂的互动性，促使学生主动融入课堂之中。在新课程理念下，教师与学生的关系也发生了转变，二者不再是主客体的关系，而是相互平等的关系，二者应实现平等沟通与互动交流。教师与学生可以基于教学知识，进行知识探讨与交流梳理。构建对话形式的师生关系，能够促使师生互相表达见解，在沟通碰撞间实现知识的升华。换句话说，教师并非“知识权威者”，将固有的知识内容传输给学生，而是要引导学生主动思考，与学生共同合作探究交流，从而促进学生主动理解知识。在这种关系中，学生也并非是一个被动接受知识的容器，而是基于自身学习动机与学习兴趣，通过与教师的交流对话，共同对课程知识进行探索、体验，主动学习知识，感受知识与实际生活的关系，学会知识的具体应用。教师在构建对话式的师生关系过程中，发挥着重要作用，而在师生之间构建“平等”的指导理念是打造互动式师生关系的基础。同时，教师也需要充分信任学生，谦爱、耐心地对待学生，使学生感受到交流中的平等对待，构建平行有效的师生关系。

二、行动导向教学法的内涵

行动导向教学法的显著优势在于，能够通过多元化的教学方式，促进学生的课堂参与，教师可以通过分组讨论、小组探究、实践教学等多种手段，促使学生主动融入课堂，提升学生的学习积极性。此外，行动导向教学法更加倡导主动性。教师开展行动教学法的最终目标之一就是培养学生的学习主动性，激发学生的创新思维。在课堂教学过程中，学生能够直接体验到学习的乐趣，并在教师的引导下，主动寻求学习方案，不断探索，直至解决问题。

在课堂探讨中，学生们基于不同的思考角度，会对同一个问题，产生不同的答案，这些都是学生创新思维的体现。行动导向教学法虽然倡导学生的课堂主动性，但学生的主动性都是在确保一定教学纪律的前提下实现的，为了提升行动导向教学法的实效性，在创新教学手段和形式的过程中，教师需要结合具体的教学内容与学生的学习情况。同时，教师还应充分了解学生的智力水平、年龄、知识储备情况等，开展有效的教学。具体来说，很多能够运用在大学生身上的教学方式，并非适合高职学生。这就给教师提出了教学的新要求，需要将学生分为不同层次，因材施教，满足不同学生在不同学习阶段的学习需求，创新教学方法，给予学生多一些的展示机会，更多地鼓励和支持学生主动学习探索，让学生在受到肯定的同时，感受到学习所带来的成就感。教师还应向学生简单讲述行动导向教学法的特点与优势，让学生对这种教学方法形成初步了解，并明白这一教学方式的作用价值，通过前期的讲解，学生在具体实践过程中能尽快适应这种教学方式。此外，教师对于教学应具有长远的设计与规划，针对不同的学生特质及学习情况，采取有效的教学方法与沟通方式，密切关注学生的个人发展情况。

一般来说，在行动导向教学课堂中，教师需要发挥课堂掌控者的作用，管控全局，为学生营造一个轻松、平等、开放的学习氛围，同时还要统筹全局，确保所讲述的知识和学生所探讨交流的知识不脱离课本。教师应发挥教学主导作用，一方面为学生传授基础教学知识，另一方面引导学生积极思考，完成知识迁移的过程，助力学生解决问题，达成预期目标。

在课堂教学的过程中，教师要引导学生融入课堂活动，参与课堂评价，并让学生主动表达对教学的看法和建议。当教师观察发现学生可以完全融入课堂活动之后，要根据教学法的特征有针对性地锻炼学生的逻辑思考能力，提升学生的综合能力。学生能够以问题为导向进行学习，并置身于轻松、平等的氛围之中，具有良好的学习动机，更好地激发自身的学习兴趣，主动融入课堂教学。为此，教师需要设计与学生日常生活密切相关的问题，同时，设计问题时应充分考虑学生的知识基础与以往经验，并以此为基础，为学生创设良好的情境，让学生对教学知识产生浓厚的兴趣，从而主动进行知识学习与探索。一般的小组学习方式及教师引导等，都能极大地激发学生的主动学习积极性，让学生学会自主概括问题，分析解决问题。

三、行动导向教学法在高职大学语文教学中的原则

（一）学生为本原则

高职院校的根本任务，是要为社会培育技能型、综合型人才。对此，在开展教学的过程中，要秉承以学生为本的基本原则，这里所指的是，要结合学生的身心特征，在教育理论、价值体系的指导下，有针对性地分析青年学生的心理需求，并设计教学实践重点及知识内容，展现出对学生个体的充分尊重。教师在采用行动导向教学法的过程中，应坚持以学生为中心，遵循语文学科发展的基本规律，建立高水平的教学目标，全方位地培育学生的“听说读写”能力，提升学生的职业素养，并在“品德提升、专业优化、能力增强”等多个方面，有针对性地提升学生的职业素养。总体而言，构建高职院校大学语文实践教学体系，要坚持以学生为中心，强调培育学生的职业能力与素养，促使学生更具市场竞争力。

（二）理论与实践结合原则

行动导向教学法偏向于提升学生的语文知识应用能力，着重于让学生在深刻领悟语文知识的同时，学以致用，将知识应用到具体的实践当中，用所学的语文理论知识来指导生活实践。

与其他学科相比，大学语文具备较强的综合性特征，同时需要长期的知识积累，教师如若只是进行简单的单一性教学，无法让学生真正感受语文课文中所表现的情感，同时，学生也无法将所学的语文知识应用于实践当中。实际上，实践是一个长期的过程，学生要在实践中不断总结、思考，才能获得进步和提升。实践是检验真理的唯一标准，在掌握了理论知识之后，必然要通过实践才能真正应用知识，检验知识。因此，学会总结，善于实践应用十分重要。为此，教师要帮助学生更好地学好语文课程，促使学生全面掌握知识与技能。此外，语文知识的听说读写涉及多项技能，教师需要引导学生主动学习，实践应用，并在现实生活中加以完善和更新。如在构建高职大学英语实践教学体系时，教师就需要立足于学生实际需求，将理论与实践相统一，为社会培育出一批有能力、有思想、有远见的职业型人才。

（三）层次性原则

层次性原则所指的是，在开展教学实践的过程中，需要提前考虑学生群体的

基本情况，并结合他们所在的年级、知识储备水平等，运用个性化、差异化的教学手段，因材施教。

为此，教师在教学设计前期应提前安排规划，结合不同学习阶段的学生，采取多样化的教学策略，全力推进教学活动的开展，促使整个教学实践活动更具系统性、计划性。高职大学语文教学从本质上而言，具有语言的工具性特征与作用。汉语语言不仅是推动各项文化活动的工具，同时也是语文教学的重要工具基础。但是，很多高职学生学习基础较差，难以对语文教学背后的人文思想进行体悟，并将其应用于实践生活中，对此，就需要高职院校秉承“层次性”原则，建立实践教学体系，通过因材施教的教学方法，顺应学生的发展规律，激发学生的学习潜力，赋予学生展示自己优势特长的机会。

根据层次性的基本原则，结合高职学生的学习年限，构建实践教学体系可以按照以下层次推进：

第一层次放在高职学生学习的第一年里，着重培养学生的基础技能。重点培育学生的听说读写能力，因此教师在进行教学设计和课堂教学之时，需要开展大量的实践技能锻炼与训练，并融入相关的文学背景材料，这样才能够促使学生更好地掌握所学知识，并积累丰富的文化背景知识。

第二个层次则放在第二学年，应对学生开展专项的商务技能培训。重点在于培养学生的职业综合能力。在这一层次中，学生已经通过第一年的学习，掌握了基础技能，因此通过职业练习不仅能够促进多项单一技能的综合应用，同时还能巩固学生所学的技能知识，将整个实训活动的技能重点连贯起来，全面提升学生的沟通能力、团队合作能力、文化交际能力等，为后期的职业发展奠定良好基础。

第三个层次放在专业学习的第三学年。在这一阶段，要重点培育学生的综合职业能力与素养，包含企业家精神培育、创新创业能力培育等。教师应鼓励具有创业想法及能力的学生进行实践活动，并给予其学习和施展才能的平台机遇。实践内容也应该更具多样性，教师可以结合学生学习的实际情况，有针对性地进行优化，并给予相应辅导。

行动导向教学法能够为学生创造学习机会，激发学生正面的学习行为。教师可以通过开展多样化的教学活动，营造良好的教学环境，更好地引导学生学习，激发学生的学习主动性和热情，让学生在具体的教学活动中，体验感受、发现问题并探索解决问题，构建学生的知识体系，提升学生的实践能力水平。一般而言，行动导向教学法包括多种形式，比较常用的有角色教学法、头脑风暴法、模拟教学法、任务驱动法等。

四、行动导向教学法在高职大学语文教学中的优势

现阶段，在高职院校的教学过程中，传统的教学模式已不能满足教学的需求。社会环境变化较大，竞争也日益激烈，国家和教育部门不断地进行教学方法的革新，从而保障高职院校的教学质量稳定发展。行动导向教学法就是目前一种较为重要的教学方式，指的是在教学过程中，以学生为主体，在课堂中更加注重学生的思维能力、逻辑推理能力以及动手能力。这种教学方式，为高职院校的教学引入了新的教学理念，增强了学生与教师之间的互动能力和配合能力。在行动导向教学法的实施过程中，根据教师的教学经验，学生的反应和授课过程中的问题是可以预测的。行动导向教学法的主要特性是能够帮助教师通过视频观测的方法，了解自身在教学课堂中的不足及缺陷，直观地进行自我评价，同时能够根据学生的反馈，及时地纠正自身的不足，并根据问题制定完善的解决对策和实施方法，从而不断地提升自身的教学水平和课堂教学的生动性。

在传统教学模式中，高职院校的大学语文教学手段是比较单一的，很多教师采用的教学方式是知识灌输的方式，即把课本上的知识采用讲述的方式传授给学生，这种方式存在一个比较明显的弊端，教师无法吸引学生的注意力，学生在课堂中无法提起学习兴趣，经常会出现走神的情况，课堂的教学效果普遍偏差。行动导向教学法能够改变这一现状。行动导向教学法是通过教师引导，学生顺着教师的教学思路，将自身融入课堂教学当中，并通过一系列的课程互动，提升自身在课堂中的积极性。行动导向教学法实施的思路为带领学生发现问题，引导学生分解问题，帮助学生解决问题，最后督促学生总结问题。学生在这种教学方式中，能够感觉到自身的存在感，锻炼自身的独立思考能力和问题解决能力，提高自身的学习效率。

不同的是，行动导向教学法虽然在语文教学过程中有着明显的优势，能够提升学生的学习效率和素养，但这并不能否定其他教学方式在教学过程中的作用。所以，对于学校和教师而言，在课堂教学的过程中，一定要以学生为主体，根据不同的情况采取不同的教学模式和方法。教学的意义在于能够让学生高效地开展学习任务，快速地吸收课堂上的知识点，并熟练掌握和应用这些知识。教师还需要不断地培养学生的合作能力和团队意识，加强学生在课堂上的合作和配合，同

时要给学生传递一种思想，团队合作不是在降低个人的独立思考能力和问题解决能力，在任何过程中，人都应该保持自我思考，但是团队合作也是一样重要的，任何人不可能离开团队自己处理问题，团队合作可以提升问题的解决效率，帮助自身发现不足，及时地进行纠正和学习，提升自身的综合能力。在行动导向教学法中，教师一定要观察学生的状态，帮助学生发现自己的不足，鼓励和引导学生主动发现问题并解决问题，这样才能发挥教师的关键作用。

与传统教学模式相比，行动导向教学法是更加适合高职院校的教学方式，引入行动导向教学的教学方式后，各大高职院校的教学水平、教学质量、教师水平和学生素质均得到了显著的提升，显而易见的是，这种教学方式在我国的教学事业中，起到了不可估量的作用，持续地推动我国高职院校的教学发展。在行动导向教学法实施的过程中，学生和教师的角色是不固定的，教师可能是施教者也可能在某个环节变成了学习者，而学生也会从聆听者变成施教者，学生和教师的角色、身份在不断地发生着变化，教学过程生动、形象、有趣。学生在教师的引导下，能够不断地进行探索和研究。可以清楚地发现，行动导向教学法是一种新型的人才培养方式。现阶段很多的高职院校和教育机构开展合作，也是一种创新的教学模式，打破了传统的教学方式和理念，实现了产学结合。这不仅能够帮助教师提升自身的教学水平，还能够帮助学校提升综合竞争力，并提升学生的综合素养和企业的人才培养能力。行动导向教学法远远高于传统的教学方式，所以很多的高职院校持续引进和开发行动导向教学法开展教学工作，目前，行动导向教学法已经在各大高职院校普及。

五、高职大学语文实行行动导向教学法的必要性

（一）高职大学语文教学现状令人担忧

21 世纪以来，我国一直重视教育事业的发展，但随着社会经济的不断变化和发展，各大高职院校在教学过程中也遇到了各式各样的困难。由于计划生育的政策调整，现如今很多的家庭中都是独生子女，家长对于孩子的关注度较高，很多家长因为疼爱孩子，使之养成了娇生惯养的性格，在遇到困难和挫折的时候，孩子一直认为有父母作为依靠，产生了惰性，缺乏独立性和自主解决问题的能力。这种情况不仅仅出现在生活中，同样也出现在教学过程中，学生缺乏独立性和自主解决问题的能力，导致教学质量和教学效率难以提升，很多学生对于学习

缺乏积极性，甚至产生放弃的想法。此外，很多学生存在逆反心理和叛逆情绪，不敢面对教师的正确指导和纠正，和教师发生矛盾，不按照教师的教学思想学习，处处与教师作对。遇到这样的情况，如果教师不及时地进行纠正和引导，就会导致学生的学习越来越差，出现逃课甚至做出违法行为，直接影响孩子的一生。所以，高职院校的教师应该结合学生的特性，对教学方式进行修改和完善。很多教师都是毕业后直接前往高职院校进行任教，没有工作经验，从学生的身份转变为教师的这一过程需要进行磨合和指导，学校对于新入职的教师也要进行观察，及时地纠正新任职教师在教学过程中存在的问题，规避因无人指导而导致教师的绩效考核存在缺陷的情况。长期发展下去，学生的兴趣会越来越低，教师在教学过程中没有方向感和责任感，学校的综合教学能力也会越来越低。

对于高职院校的学生而言，毕业后面临着非常严峻的问题和困难，大多数高职院校毕业的学生无法就业，找不到适合自己的工作。甚至很多刚毕业的学生，随便找了一份工作，与专业不符，长期发展下去，工作兴趣欠缺，在学校学习到的知识也无法得到应用，就职的学生和家长会对学校产生偏见，认为高职院校并不能培养人才，不能够帮助学生学习专业知识，甚至会觉得在学校学习就是浪费时间。产生这一现象的根本原因是学校注重理论教学，造成了“纸上谈兵”的现象。社会不断变化和发展，经济快速进步，科技能力不断创新，仅仅注重理论教学已不能满足教学需求，甚至会被慢慢淘汰。企业需要的是能够解决问题的人才，希望得到的是毕业后就能帮助企业发展的人才，而不是入职后需要进行长期的培养才能够符合公司发展需求的员工。对于学校来说，教导学生不仅仅是将知识传授给学生，还需要对学生的问题解决能力进行培养，并加强对学生实践能力的培养。很多高职院校已经开始重视学生实践能力的培养，但是在培养过程中还存在着一些问题，有的学校对于学生的实践培养仅仅停留在邀请企业专家举办讲座，处于一种没有计划、没有目标的状态，造成教学情况与预期存在着较大的差距。学校应该加强实践设备的投入，同时需要定期对学生实践能力进行考核，确保学生的实践教学不是流于形式。

（二）专业改革发展的需要

我国的经济迅速发展，国际水平也越来越高，国际间的交流也越来越密切。对于企业来说，需要专业的人才来帮助公司走向国际化。所以，社会对应用型人才的需求越来越高。企业的目标是能够进行长期高效的发展，人才培养是企业的一个环节，但是企业更需要能够直接参与工作的人才。目前中国的企业在招聘的过程中存在着一种普遍的现象，对于新入职的员工，企业往往需要投入大量的人力、物力、财力才能够培养出合格的人才。人才招聘是企业发展的基石，企业可以投入部分精力去培养人才，但过度培养是企业所不能接受的，这种培养方式往往使企业望而却步。而造成这种状况的根本原因是学校的教学体系与社会相脱离，没有对社会的需求进行调研，造成学校无法培养出适合企业的人才，企业无法帮助学校解决就业情况。

例如，文学专业的教学就有这种典型问题，学生在学校所学的知识并不能得到完全有效的应用，学生就业难。文学专业的学生就业需要的不是学生掌握的知识有多么的深，而是需要学生掌握的知识面够广，并且具备较强的综合运用能力和较高的实践操作能力，还需要具备一定的工作经验，高职院校可以和企业针对人才培养签订战略合作协议，就人才培养事宜做出符合企业需要的培训计划。同时企业定期和学校一起针对学生的学习情况进行综合评定，了解学生的不足，从而针对这些不足，联合学校的教师制定纠正计划。这样企业和学校才能够形成双赢的局面，企业得到需要的优秀的人才，减少财力、物力的支出成本，学校也能够提升学生们的就业率，同时学生们能够找到稳定的工作，获得家庭和企业的认可，对于学校、企业以及学生来说，这都是一种较为适宜的方式。

我国教育部门非常重视高职院校学生的教育，教育部对于高职院校的期望是非常高的，希望学校能够培养出更多优秀的人才，源源不断地为社会、企业输送高技能、高素养的人才。教育部认为，学生的素质培养是根本要求，能力培养是重点。学校应该重视对学生的综合素质教育，形成理论和实践相结合的教学体系，让学生在课堂学习中“学以致用”，所以教育部不断地倡导高职院校采用行动导向教学方式。当然，行动导向教学法不是一种简单的教学方式，而是需要教师在讲课前进行仔细的准备和演练，针对课程内容进行详细的分解，分解完课程内容后，针对课程内容的每一个部分准备特殊的互动方式，同时还需要考虑学生的实际情况，课堂互动不宜过于频繁，让学生产生反感的情绪，也不能过于冷淡，无法调动学生的积极性和注意力。需要让学生产生浓厚的兴趣，跟着教师的节奏进行学习。教育部、学校以及教师三者之间是需要不断进行沟通的，从而了解行动导向教学法的发展趋势，只有适合学生的教学方式，才能够保障学校培养出更多优秀的人才，实现教育部、学校以及教师的教育目标。

推进教学改革的发展，需要构建一套完整的教学体系，体系的主体是学生，而教育部、教师、企业以及家长都需要参与到这一过程中。家长的目的是孩子能够学到更多的专业知识，找到稳定的工作。教育部、学校以及教师的目的是培养出优秀的人才，帮助学生获得更多的专业知识。企业的目的是能够获得综合素养较高、专业能力较强以及发展空间大的优秀学生。行动导向教学法的应用能够实现这些目标，因为行动导向教学法的核心理念是培养学生的专业技术能力、实践操作能力以及综合素养。改革的成功与否与教学体系有着直接、密切的关系。学校需要建立符合市场化需求的教学体系，同时还需要符合本校的教学特色，只有建立属于自身的有效的教学方式，才能提升教学质量。社会和企业需要的是多能工的人才，多能工的人才培养是一个漫长而又复杂的过程，学校只有不断进行改革，不断优化教学体系，才能够为社会和企业输送优秀的人才。同时，高职院校之间的竞争也越来越激烈，很多的高职院校已经开始实施行动导向教学法。所以，学校必须着手开始准备行动导向教学法的实施计划，而且必须将此工作列为学校的重点工作，通过教学改革的方式，培养出更多优秀的人才，学校在社会上的认可度会越来越高，教育部对于学校的支持力度也会越来越大，学校的发展才会越来越好。

第二节　行动导向教学法的理论基础

一、做中学理论

著名教育学家杜威提出了在“做中学”和教材心理化的思想观念。基于经验论，杜威提出，要从经验中学，转变以往传统的书本教材形式，通过开展活动进行经验学习。具体而言，包含园艺、阅读、唱歌、烹饪、歌剧、书写等内容。学者杜威认为，这些经验式活动不仅能满足儿童的社会发展需求，同时还能满足其心理需要，促使儿童形成对事物的完整认识。杜威没有将个人直接经验和间接经验分割对立开来，他认为个人的直接经验仍有一定限制，主张在促使儿童学习知识的同时，照顾儿童的心理水平。

教材心理化所指的是将不同学科的知识与教材等内容恢复到原来的抽象经验，将间接经验转为直接经验，这一过程被称之为直接经验化。经历这一过程后，再进行直接经验组织化，从而打造相应的教材形式，服务于有技能的、成熟的人。

学者杜威反对将教材作为教育的起始点，认为教育的过程应该要以儿童的个人直接经验作为起点，并经过后期的组织概括而成。但是探讨如何转换学生的直接经验，将其建构为知识体系，则是一个长期的复杂的过程。杜威认为传统教学法中，“三教”为中心，即教师、教材、教室为核心的传统教学方法具有一定的限制性，他主张从“做中学”，即通过主动学习参与活动，基于经验改善思维。通过在做中学，促进学生思维的提升，加深思维与教学的融合，教材与教法的结合。对此，杜威针对性地提出了与传统教学理念不同的五步教学法，以探究经验教学的重点：（1）确定疑难情境基本情况；（2）确定问题所在；（3）提出各种假设以解决问题；（4）对假设进行推理判断；（5）验证假设。

杜威的这一教学方法侧重于以实际行动解决实际生活中遇到的各种问题，更强调科学探究的重要性。

二、人本主义学习理论

20 世纪 60 年代，美国兴起了人本主义心理学思潮。这一理论思想重视人在学习过程中的主观因素作用，并主张要尊重人的基本价值，强调发挥人的主观能动性。具体而言，人本主义学习理论是在教学中应用的以学生为主体的教育思想及自由学习理论。人本主义学习理论的代表人物是罗杰斯，他将学习划分为两种，一是无意义学习，二是有意义学习。罗杰斯更主张有意义学习，也就是说要促使人的自主潜能的发挥，通过选择有意义的实践活动并获取相关的知识经验促进学生实现个体自由。自由的学习也是罗杰斯所提倡的有效性学习的基础。罗杰斯主张教育的最终目的是促进学习与变化，学校需要培育能够了解变化并明白学习的人。同时，罗杰斯还提倡“以学生为中心”的教学模式，具体包含以下特征：（1）不按照固定结构进行教学；（2）教学过程没有固定内容；（3）教师在教学的过程中不进行任何指导，也不发挥主导作用。基于这些特征，罗杰斯的“以学生为中心”的教学模式又叫作“非指导性教学法”。

三、建构主义学习理论

建构主义最早源于苏格拉底及柏拉图对教育的相关思想与实践活动。皮亚杰的认知构建过程、布鲁纳的认知图式理论以及维果茨基的思想等都对建构主义的发展产生了较大的影响。

建构主义主张世界具有客观性，但是个体赋予世界意义，并进行相关解释。相比其他理论，建构主义强调的是学习者应通过信念、知识经验等对知识进行建构。建构主义更强调学习的社会性、主动性，因此对教学产生了许多影响。建构主义对认识的看法是，认识只是对各种社会现象的一种相对可靠的解释，但并非是对客观世界的绝对表征。同时，随着认识的不断发展和变化，许多新的假设会逐渐替代旧的假设。建构主义主张学生应该首先通过自己的知识经验对事物进行了解与构建，而不能被动地接受教师的知识讲授。同时，建构主义还提出，学习是一个学习者建构知识形成内部心理表征的过程。对此，学习者根据自身已有的经验，再通过与外界的相互影响，产生对世界的新的理解。一般而言，学习过程具体包含两大部分：一是对新的信息进行理解建构；二是对以往旧的知识经验进行改造及重构。相比而言，建构主义更强调进行第二种建构。

维特洛克提出了认知灵活性理论与生成性学习模式，他是建构主义理论的重要代表人物。维特洛克主张学习具有一个生成过程，在这一过程中，学习者根据以往的认知结构和外界环境的相关信息，进行信息选择，并主动对世界、对外部事物进行建构。将其理论思想应用于教学过程，则表现为教学不能毫无规律，应该着眼于学生已经具有的知识掌握情况、学习兴趣等，有针对性地为学生设计经验相关的教学情境，促使各种经验相互作用，从而促进学生重构对事物的新理解。在这一过程中，教师可以发挥促进和引导作用，让学生主动建构知识体系。

认知灵活论提出，学习的建构包含两大方面。一方面提出学生要具备构建的相关基础，另一方面则要求给予学生构建的平台和机会，促使学生根据不同的情境和场景进行相关的对策选择。社会建构学习理论强调在教学过程中，学生之间的相互交流及有效的环境互动对建构具有重要意义，因此，需要发挥非正式经验背景在学生构建知识体系中的作用。此外，其主张个体学习的整个过程，实际上没有统一的解释标准，应以学习者自身的建构方式为主。在教学的过程中，教师需要创设与学生经验场景相似的情境，并结合相关的问题案例，激励学生主动探讨。建构主义高度重视师生及生生之间的相互作用，因此也主张合作探究及交流学习。

四、学习动机认知理论

（一）期望-价值理论

期望-价值理论认为引发动机的主要因素是期望和诱因。该理论提出的假设为：某一行为的产生主要源于个人自身意识到行为对目标实现的影响及目标的主观价值。期望-价值理论的代表人物之一阿特金森认为，成就动机主要由追求成果的期望及回避失败的意向组成，且二者会对个体同时产生影响和作用。当个体追求成果的倾向更强烈时，对外表现为积极向上，努力争取；而当回避失败的想法占主导时，则表现为面对问题犹豫不决，退缩迟疑。当两种力量不分伯仲时，个体会感受到自身心理的矛盾。

每个人在追求某一事物的过程中，都会受到这两种意向的影响。为此，阿特金森主张，如果要让主体更多地获得追求成果的意向，就必须从以下几大影响因素入手：一是获得成功的可能性；二是实现成功的内部动机水平高低；三是成功的可能性及诱因。与此相对应的，回避失败的想法则会受到失败的可能性、回避动机以及失败诱因等因素影响。

成果动机的总强度实际就是成果意向与失败意向中间的差值。阿特金森的成就动机理论包含期望、需要、诱因价值几大重要因素，并将个体的情感与认知相结合，从而分析成就动机的规律变化。但当前成就动机的理论模型仍有许多不足之处，无法更加明确地阐述动机的本质以及其产生与发展的规律。

（二）成败归因理论

归因理论的早期代表人物是海德。他主张将个体行为的归因划分为两大类，一是情境归因，二是性格归因。后期，维纳深入分析了行为结果的归因，并总结了个人之所以行为失败的几大原因，包括努力程度、能力水平高低、身心状态、运气因素及其他原因。同时他还将这几大原因分成了不同的维度。控制点方面包括可控和不可控归因，原因方面包括稳定性和非稳定性归因。

原因来源所指的是个体在分析行为失败时，将原因归结为内部或外部原因。具体而言，如个人的能力水平、努力程度及身心状态等都属于内部范畴，而任务难度及运气等因素则属于外部归因。稳定性针对的是个体对原因的认知。稳定性的原因相对来说在同类情况下具有普适性。具体而言，个体能力和工作任务相对较稳定，而其他几项因素都是不确定的。

可控性所指的是，个体通过分析认为致使失败的原因是否能够受到主观意志的掌控。具体而言，个体的努力程度是由主观意识控制的，而其他的因素都不受主观思想的控制。归因方式选择也会对个体未来的生活产生直接影响，如会对个体的坚持程度、动机等产生影响。而学习动机也同样会受到归因三维度的影响。基于控制点与原因来源分析，当个体习惯于将成功的原因归结为自身努力等内部原因时，则更容易强化学习动机，具有一定的自豪感；而当个体更多地将原因归结为外部原因时，则容易产生侥幸想法。总体来说，将失败因素归因于外部原因会更容易感到愤怒，而归结于内部则容易对自身行为感到愧疚。

基于稳定性因素，如果个体侧重于将成果归于相对稳定的因素，则更容易强化自身动机，产生自信心；而归于不稳定性因素，就会导致情绪不佳。基于可控性维度，当归因于可控因素，则不会失望，还会继续努力；当归因于不可控因素便会导致动机下降，对未来的成果期望值降低。个体如果将失败归因于不可控、内部等因素，会导致自身动机不足，认为自己无法改变现有困境，同时也难以坚持到最后，最终导致习得性无助，严重的还会对个体情绪、认知产生巨大的负面影响。维纳的归因理论立足于学生的视角，通过分析学生学习成败背后的因素，和学生未来的学习动机及需求，帮助教师更好地了解学生，激发学生的学习动机。

第三节 行动导向教学法的主要方法及实施过程

一、项目教学法

项目教学法与行动导向教学法的实施方式具有一定的相似之处，因此具有显著的代表性。项目教学法所指的是，教师在开展课堂教学的过程中，根据所教授的教学内容，进行“项目”设计，在此过程中，学生需要结合教师的项目设计，根据自身的知识基础与经验，通过自主思考或合作探究，共同完成项目目标。从本质上来说，项目教学法是一种相对典型的行动导向教学模式，凸显出“以学生为主体”的特征，同时在教学过程中，教师只是发挥主导性作用。这一教学方法强调发挥学生的主观能动性，将学生置于课堂教学的首要位置，同时促使学生通过与其他同学相互交流学习，在完成项目任务的同时，积累理论知识与技能。

在具体实施过程中，项目教学法遵循以下实操步骤：（1）明确项目。在这一步骤中，需要发挥教师的主导性作用，教师要结合所传授的知识内容，选择是否采用项目教学法，因为前期教学方法的选择会对学生后期的学习产生重要影响，这也是项目教学法最终是否能发挥成效的重要基础。对此，在进行教学设计前，教师要谨慎地思考采用项目教学法的形式及内容；（2）明确项目目标，这是开展项目教学法的首要步骤。教师在推进教学活动的过程中无论采用何种教学方法，都需要提前明确教学目标。针对项目教学法，教学目标包含总体目标和分目标两种，教师会根据教学内容设定总体目标，而各级分目标则由小组成员共同制定。教师一般会在教学前期阶段进行小组划分，确定小组人员及相关数量，同时，教师还可以根据教学内容的变化，改变小组的形式；（3）制定项目计划。一般而言，项目教学法计划的实施包含具体步骤、预期成果、主要环节、注意事项、项目成果等，在此过程中前期制定计划需要结合不同的项目目标开展，通过对总体目标与分段目标进行分析的情况，科学规划项目；（4）实施项目计划。各个小组根据项目目标，共同探讨并制定实施方略，一般而言，在具体的实施过程中，会出现许多跟原有规划有出入的地方，需要适时对项目实施方案进行优化。小组成员之间要形成共识，对具体执行的工作进行有效分工，从而进一步落实计划，最终达成项目目标；（5）项目成果分享。在完成项目计划之后，便进入了后期的成果分享阶段，各个小组需要将自己的项目实践情况进行总结，教师则安排课时，让学生分小组进行成果展示与汇报，这一成果包含实践流程、实践成果、经验心得等；（6）反馈与评价。教师在了解每个小组所完成的项目情况后，应组织小组进行相互评价，学习其他优秀小组的成功经验。同时教师要对每个小组的成果进行客观评价，表扬优秀的小组，与表现不佳的小组共同分析不足，激励小组成员积极投入开展下一次项目。在此过程中，教师应激发学生的学习热情，鼓励学生相互探讨、相互学习，发现自身不足。

二、角色扮演法

角色扮演法所指的是教师结合所传授的教学知识，根据学生需求及发展特征，进行角色情境设置，并让学生自主选择角色扮演，深入了解角色情感及感悟重点知识。这一教学方法有助于让学生身临其境地了解所学课程，同时快速掌握教学重点与难点。学生在进行角色扮演时一方面会感觉到十分有趣，另一方面也需要通过演绎角色解决具体问题，因此，此过程有助于锻炼学生的人际交往等综合能力，提高学生的专业基础知识水平。教师需要在角色扮演后期，对学生的扮演执行情况进行综合评估，并客观点评学生的角色扮演表现，指出学生存在的不足与问题，促使学生了解自身不足，不断提升学习能力。在实施角色扮演教学法的过程中，学生所经历的综合能力提升的过程，不仅要提升自己的知识应用能力，同时还要快速融入课堂，提升表演发挥能力。

学生在角色扮演的过程中，需要感受和体验不同教学情境赋予角色的特点，同时也要在前期充分思考所扮演角色的情感及背后的意义。这一思考过程有助于学生更快地融入教学主题，理解课文重点难点。与此同时，为了更好地扮演好角色，学生在扮演的过程中，应充分应用所学知识及实操技能，从而大大地提升自身的综合素质。一般情况下，实施角色扮演法包含以下步骤：其一，提前进行教学储备。不管是采用何种教学法，前期的教学设计和教学储备都是非常必要的。充分的前期准备，能够促使学生更快地融入课堂。对此，教师在前期的教学设计过程中，要根据学生的需求，多准备相关问题供给学生思考，促使学生在扮演角色的过程中，提高对问题的分析与探究能力；其二，对学生进行不同角色的分配。角色是否合适也会影响到最终的表演结果。对此，为了更好地实现角色扮演效果，无论是教师还是学生都要充分了解角色的职责以及特征，并以此为基础选择学生进行角色扮演；其三，实施角色扮演。这也是角色扮演教学最核心的环节之一。学生要在这一环节中，根据角色情况进行全面阐释。在既定的角色框架下，学生可以根据自身对角色的理解，进行主观发挥，以更好地展示角色。在此阶段，教师需要发挥引导者的作用，把控全局，解决扮演过程中出现的问题，确保学生能够完整地完成角色扮演；其四，开展总结与评价。在角色扮演完成后，学生可以展示自己对角色的理解以及扮演角色的体验与感受，同时教师可以引导学生思考角色扮演过程中存在的问题，并从学生的表现能力、应变能力、语言表达能力等多方面进行评价，开展学生之间的相互评估，在探讨中提高学生的应变能力。

三、头脑风暴法

头脑风暴法所指的是，教师基于相关问题，与学生开展探讨，通过师生间的对话，引发学生思考，挖掘学生的潜在能力，让学生在对话与交流中，更加深入地理解问题，并找到解决问题的最佳方法。在头脑风暴法的应用过程中，教师所发挥的是引导者的作用，不仅要延伸学生深入探讨问题的深度，还需要在重要的时候，引导学生思考，发散学生的思维。同时，教师还应激发学生参与课堂学习的主动性，鼓励学生主动探讨发言，无论学生的言论是否正确，都要鼓励学生勇于表达，只有通过表达，学生才有机会与其他同学探讨，继而促进思维的碰撞，尽快找到问题的解决方案。头脑风暴法的作用机制在于，其具有联想反应及情绪感染的作用。一个新思想、新观念的产生必然先经历“联想”的阶段，在头脑风暴的过程中，通过师生、生生的集体探讨，会有许多新想法产生，而每产生一个新想法也会带动学生进行联想和思考，从而产生新观念堆，这也是头脑风暴所产生的正面连锁反应。同时头脑风暴法还能激发探讨人的热情，创造性地解决许多问题。在头脑风暴的氛围下，无论对错，每个人都可以畅所欲言地发表自己的见解和看法，相互影响和感染，从而突破禁锢，更好地发挥创造力和想象力。头脑风暴法的另一优势就是不会受到教学环境及内容的限制，与其他教学法相比，头脑风暴法可以随时进行，操作简单，课前准备也不用那么繁杂。基于这些优势，头脑风暴法在高职实践教学中应用广泛。

头脑风暴法是一把开启学生创新思维的“钥匙”，为学生创新、思考提供了重要契机，在此过程中，学生不仅需要思考，同时还要互动和反馈，在双向的互动探讨中获取观点，分析观点，从而获得更多解决问题的方案。学生可以结合自己所想，踊跃发言，表达自己对事物的见解。这一方式有助于提高学生的课堂参与热情，促使学生主动思考，主动创新。在具体应用头脑风暴法的过程中，需要秉承以下基本原则：其一是庭外审判原则。只要头脑风暴已经开始，探讨者都有权利和机会发表言论，不管其所表达的想法、观点是否正确，其他探讨者都不能直接批评、批判，避免产生争论，所有的问题都需要在头脑风暴结束后再进行交流。这样才能使探讨者们畅所欲言地表达自己的看法，确保最终成果；其二是以量求质原则。在头脑风暴的过程中，观点质量好坏与数量多少相比，更要追求的是观点数量的多少。之所以会更强调数量，主要是由头脑风暴法的特性所决定的，需要通过探讨碰撞最佳的解决方案，因此，探讨中观点和建议越多，则越容易找到最佳方案。对此，教师在应用头脑风暴法的过程中，要大力倡导学生主动表达，融入探讨交流中；其三是自由畅想原则。学生在进行头脑风暴的过程中，实际上也会基于自身已建构的知识体系进行思考，并表达想法。因此每个学生的观点都有亮点，教师要把控头脑风暴的整个环节，并适时地激励学生自主发言，从而有效构建一种意见多样、自由平等的良好氛围，这样也有助于激发学生的创新思维，助力学生尽快找到解决问题的方法；其四是综合改善原则。实施头脑风暴法，最为关键的一点就在于要掌控整个节奏和秩序。在进行对话讨论的过程中，当有学生正在发言时，其他学生要保持安静，认真聆听，对其观点和意见可以进行补充、完善。这也有助于促使观点堆更具系统性、综合性，最大程度发挥头脑风暴法促进学生全面发展的作用。

四、案例教学法

案例教学法所指的是，教师将某一实际案例与所讲课程内容相结合，从而引发学生对该理论知识的思考与应用探索，解决案例实际问题，提高学生的实操应用能力。与头脑风暴法相似的是 ，案例教学法并不过分强调教学场景及内容，超越了场景的限制，适用性更好。基于此，案例教学法在高职大学语文教学中的应用也比较广泛，成效得到了统一的验证。

在开展案例教学法的过程中，教师应尽可能作为引导者，降低发言频率，以学生为主体，将学生置于首位，设计相关案例让学生共同探讨。教师也可以选取与学生实际生活密切相关的案例，鼓励学生发散思维，从多方面思考，提出多样化的解决方案。通过参与案例探讨，学生不仅需要回忆和应用已有的知识内容，同时还需要与其他同学一同辩论、分析。在此过程中，学生的思辨能力与解决问题的能力能够得到有效提升。案例教学法的意义并不在于让学生最终给出正确答案，其更侧重于让学生对案例进行探讨，激发学生主动寻求问题解决方案的主动性。因此，在学生分析讨论案例之时，教师也不需要对学生的观点进行批判或指导，而是要以鼓励学生发表意见为主。

案例教学法的一个显著优势在于，能够激发学生独立思考的能力。在此期间，无论是教师还是学生都需要百分百投入，深入问题之中，与其他同学进行观点碰撞。为了激发学生的案例分析参与度，教师在前期要合理选择案例，尽可能地选择那些具有现实性和典型性特征的案例。教师不能根据自身想法进行案例虚构，而要立足于实践，让学生听到案例就能尽快地融入其中，这样也有利于学生尽快进入课堂并迅速地展开思考。除此之外，教师还应提升案例的生动性。生动鲜活的案例如一个个故事一般引人入胜，假设教师所设计的案例都是数据的罗列，缺乏情感注入，就无法激发学生主动深入其中，共同探讨，也不利于提升教学效果。对此，教师在设计案例前期，应加强案例创新，将语文文学手法，如细节描写、情感描写、场景描写等融入案例中，同时还可以在案例中增加一些生动的写作技巧，比如比喻、对比等，这样也能让学生更快地理解知识，发现案例中存在的问题。同时教师还应选择具有相关性的案例。这里的相关性所指的是，案例内容与教学内容的相关性，所选取的案例一定要与课堂教学内容相一致，甚至要凸显教学的重点与难点。此外，案例内容还应具有普适性，即学生在理解了案例的同时，也能应用从案例中学习的知识与技能举一反三地解决其他在实践生活中遇到的相似问题。从这一方面来说，典型案例会涵盖更为丰富和全面的知识点，因此教师可以对典型案例进行创新应用。

第四节　行动导向教学法在高职大学语文教学中的应用策略

一、改革教学模式，提升语文应用能力

（一）项目教学法与阅读欣赏能力的提高

高职大学语文相对其他科目来说，更具应用性和人文性特点，对此，教师在进行语文教学之时也应着重提高学生的语文综合能力，增强学生的阅读欣赏技能。培育学生的阅读能力不仅是高职大学语文教学的基本要求，同时还能为学生后期开展实践活动奠定基础。对此，下文以项目教学法为案例，分析提升语文阅读能力的重要方法。

在开展项目教学法的过程中，教师需要遵循相应的步骤。以高职大学语文课文《一碗清汤荞麦面》为例，在前期设计项目的过程中，教师要进行全面考量，围绕项目目标、资源及任务等进行设计。具体而言，项目资源一般所指的是课本

或是从网络平台获取的相关教学资源。项目任务则包含了学习课文生词、了解课文写作背景、分析重点句子、掌握课文中人物的细节描写等。在项目实施过程中，教师应结合具体的项目任务，指导学生进行项目分工。如分析母子三人不同时期吃面的场景时，学生可以围绕三次场景中的人物衣着描写、细节描写等开展项目工作，比如第一次吃面和第二次吃面时，女人所穿着的衣服都是“那件不合时令的斜格子短大衣”，到后面第三次吃面时，“女人身穿和服”。实际上，穿着描写的变化也能反映出人物的心理细节。通过对任务进行划分，能够促使学生迅速地了解和掌握课程难点，有助于提升学生的学习效率。在完成整个项目之后，教师要组织召开评价活动，既要推进小组内部评价，同时也要让各小组之间开展互评。

在分析试验结果的过程中，应该采用对照组和实验组的方式，教师可以在不同的班级采用不同的教学方法，比如在一班采取传统教学方式，在二班则应用项目教学法，并分别按照不同教学方法的步骤进行推进。在结束课堂教学后，教师可以根据学生的表现情况以及教学成果等进行对比分析。通过比较可以发现，在课堂参与性方面，采用项目教学法的课堂氛围更好，学生的参与性和积极性更高。而传统课堂则缺乏活力，学生的参与主动性不足。同时，由于学生的参与性提升，项目教学法的教学质量更高；在教学知识的理解方面，学生在项目教学法课堂上能够充分运用自学等方式加深对知识的理解，而传统课堂中，学生被动地接受知识，缺乏主动性和学习兴趣，无法全面理解知识点。值得一提的是，实施项目教学的过程中，也需要应用传统教学的相关方法。虽然项目教学法有利于提升学生主动性，营造良好的课堂氛围，但是如果整堂课都应用项目教学法就不利于知识的系统化，零散的知识不利于学生构建完善的知识体系。总体来说，教师在应用项目教学法的过程中，要确定其与传统教学法所占的比重，提升教学效率。

（二）角色扮演法与表达沟通能力的提升

与全日制本科学生相比，高职学生录取的分数线较低，知识基础相对较差。高职学生无论是在自主学习能力还是自律性等方面都不能与本科学生相提并论。但是也应该看到，许多高职学生开朗外向，热衷于各种集体活动，基于高职学生的学习特点及性格优势，教师在开展教学的过程中，要善于发现高职学生的优点，尽可能地扬长避短，采用针对性的教学方法，让学生发挥优势，提高对学习的兴趣。角色扮演教学法为学生提供了施展自我的平台，通过应用这一方法，能够发挥高职学生热爱集体活动的特点，让学生展示演绎，并学习专业知识。

传统的教学方法以教师为主体，教师所采用的是“单一的灌输式教学法”，教学方式枯燥，在这种教学模式下，学生不愿意主动思考，教学效果难以确保。角色扮演教学法有助于营造出生动、有趣、和谐的教学氛围。如在进行《烛之武退秦师》教学时，教师在教学设计的过程中，可以将课文中的角色进行划分，并应用角色扮演法，让学生承担不同的角色，进行分角色阅读课文。采用这一方法，不仅能够促使学生深入学习理解角色情感，了解文章结构和脉络，同时还有利于调动学生学习的主动性。教师还可以应用角色扮演法让学生演绎课文中的不同场景，比如以烛之武劝服秦穆公的片段为角色扮演场景，将学生分成一定数量的小组，鼓励学生主动扮演相关角色。在准备角色扮演的前期，学生会自主对角色的性格、行为等进行揣摩，并发挥想象力，通过演绎更好地凸显角色特征，促使角色扮演更具鲜活性。整个过程能够有效地提升学生的自主性、创造力，同时也能让学生在小组间的共同角色探讨中，学会团结合作，提高人际交往能力。

高职大学语文教学过程中，需要着重培育学生的沟通与表达能力。对此，高职大学语文教师在教学过程中可以通过角色扮演法，提升学生的语言表达能力。比如在进行《介绍》这一课文教学时，假设采用的是传统教学法，学生则只能获得“介绍”的相关理论知识，但无法深入理解如何应用“介绍”，无法激发学生的自主探究热情。教师运用角色扮演法，可以设置相应的“介绍”情境 ，这一情境要与学生的实际生活密切相关，这样才能快速吸引学生注意力。比如“当你即将进入大四时，在校园招聘会上有一份适合你的工作，你手拿简历要去与面试官沟通，这时你会采取哪种沟通方式？你如何表达、展现自己，以最终获得喜爱的岗位。”教师可以采取这一情境，将学生划分为不同的小组，通过与小组成员沟通，选出扮演招聘官和面试人员的学生，让学生进行面试模拟。在角色扮演过程中，学生应在充分了解角色的基础上，展现自己的表达沟通能力。运用这一教学法，不仅有利于让学生提前熟悉未来工作面试的场景，同时还能锻炼学生的沟通表达能力，提高学生的沟通技能。仅从这一案例中就能够发现，角色扮演法能够对相关场景进行还原演绎，促使课堂更具生动性，通过进行特定场景的角色扮演，学生能够融入其中，并展现自己的表达水平。但如果在扮演过程中，学生出现表演进行不下去等情况，也需要教师进行专业指导，帮助学生更好地理解角色，感知角色扮演中的知识与技能。

（三）案例教学法与理解分析能力的强化

纵观上文可以发现，高职大学语文教学过程中，教学方法与种类非常多，且每一种教学方法都有其独特的优势，对于高职大学语文教师而言，需要结合不同的课堂教学内容，科学合理地选择教学方法，只有这样才能确保教学质量与成效。相对其他教学法来说，案例教学法普适性较强，是高职大学语文教学采用率较高的一种教学方法。为此，以课文《提问》为例，本文将进一步对案例教学法在提升学生语文理解分析能力方面的应用进行分析。

案例教学法的实施步骤主要包含以下方面：其一，进行课文相关的案例展示。在备课的过程中，教师可以结合所讲述的课文内容，进行视频、图文资料等教学素材的搜集，在课堂引导时，向学生展示相关资料。在此过程中，教师可以结合课程内容讲述相关视频案例，激发学生的学习兴趣，促使学生飞速进入课堂学习状态；其二，设置相关问题。通过前期的视频学习，学生会对本节课的案例有一个初步认知，教师可以结合要讲解的案例内容，对学生进行针对性的提问，并鼓励学生自主发言，让学生自由探讨，加深对案例的认识。教师对学生的见解给予反馈评价，并向学生讲解案例的具体问题，讲述提问的重要注意事项等；其三，组织分析讨论。基于以上两个步骤，学生已经对课堂内容有了一定了解，在此基础上，教师继续组织学生进行交流探讨，让学生进行良性互动，倾听其他同学的不同观点。在此过程中，教师要引导和把控全局，确保学生所讨论的话题与内容和课文密切相关，在给予学生一个自由表达的空间的同时，尽可能减少互相评价的情况发生。通过探讨，学生得到提问的重点，要具体明了，要合理有效，要讲究语气，要以实现最终结果为目标；其四，评价反馈。在结束自由探讨后，教师应综合点评学生的不同观点，并对表现优异的学生进行表扬，对明显错误的见解进行指正，并综合分析，让学生牢记正确的提问方式，提升教学效果。在应用案例教学法的过程中，选取合适的案例尤为重要，对此教师应该选择充分了解且与教学知识相契合的案例，同时，案例问题的难易程度也要适中，应与学生的学习水平相一致，避免超纲打击学生的自信心。只有这样才能确保案例教学法的有序开展。

二、提高教师队伍的综合素质

行动导向教学法主张在教学的过程中，增强学生的参与度，促使学生主动学习融入课堂。但在具体的实践过程中，很多教师仍然沿用传统的教学方式，以教师为主导，学生只是被动地接受知识。这与行动导向教学法的教学理念与目标是相背离的，也会直接影响到后期学生深入学习知识。对此，教师在开展课堂教学的过程中，应当以学生为主体，通过实践教学及小组合作探究教学等创新方式，为学生营造一个充满乐趣的和谐的教学氛围，让学生主动参与到教学过程中。同样，为学生创设一个良好的教学环境，也有利于学生主动学习。如可以通过融入课程内容相关的游戏，进行前期的课程引入，提升学生的参与性，相较于传统的枯燥性的教学知识讲授，以游戏等娱乐性的教学方式进行引导则有利于让学生尽快参与到课堂教学活动中，利用自身的知识储备及经验，思考问题，并学会主动探究学习。当前许多教师仍然沿用传统的教学方式，这也就导致，当学生成绩落后或课堂表现不佳时，教师会不自觉地批评学生，造成恶性循环，不利于激发学生的学习热情。特别是在语文课程教学的过程中，如果教师给予学生过度的批评而不是激励，则会对学生造成较大的负面影响，不仅会让学生降低对语文学习的自信心，导致学生对学习语文产生挫败感，同时还会影响学生后期的长远发展。“人性最深刻的原则就是希望别人对自己加以赏识。”这是一位著名的教育学家的思想，他认为，教学过程中应重视赏识教育，助力学生挖掘自身优点，而不是一味地批评学生，应通过激励学生发现自己的优势，提高学生对学习的兴趣和自信心。

因此，在语文课程教学过程中，教师也需要增加对学生的鼓励和表扬，为学生营造一个良好的课堂氛围，这样不仅有助于增强学生学习兴趣，同时还能促使教学效果事半功倍。高职大学语文教师应采取赏识教育的方法，尊重不同学生的学习水平差异及个性特征，遵循学生的发展阶段，努力挖掘学生的优点和长处，并给予学生客观的评价反馈，对于学生课堂违纪、学习态度等问题要给予指正，进行正确的引导式教育，而对于表现优异的学生及获得明显进步的学生要适度给予表扬。可以运用古今中外知名典故让学生正确认识自己的不足，可以采取多媒体教学，运用视频、图文等多样化形式让学生尽快融入课堂，为学生搭建展现自我的平台，让学生真正感受到学习的乐趣。此外，还可以通过设疑置思，以问题引入的方式，促使学生尽快融入新课程的学习。为了进一步巩固学生的知识，教师要在每堂课开始之前进行所学重点知识的回顾，同时创造性地采取多种教学方法，创设情境，引入新课程，唤醒学生的学习主动性，让学生真正地做课堂的主人。

（一）教师角色的调适

首先，教师是教学目标的引领者。在教学过程中，具有明确的目标才能确定方向，可以说，学习与其他事情一样都要实现既定的目标。教师承担着知识传播者的角色，因此最为首要的就是需要在开展课程教学之前明确高职教育人才培育的目标，结合高职院校的专业培养计划，构建专门的语文教学体系，在开展语文教学的过程中要以教学目标为中心有序推进。比如，语文教师要正确看待语文等级测试等考试，只要是与提升学生综合素养相关的考试及实践活动，都要纳入语文教学中。

其次，教师也是课程内容的分析者与建设者。高职教育中语文科目是所有学生的必修基础科目之一，“语文是百科之母”，学好语文才能为后期学习其他科目奠定良好基础，使学生更好地开展专业学习，有助于增强学生的职业技能，促使其发挥专业实操能力，尽快融入社会。为了更好地开展教学，教师应在前期对学生的基本情况进行全面了解，从而在教学中有的放矢，将语文教学与学生的专业知识教学相融合，进行专业化的语文教学，这也有利于增强学生对专业知识的了解，为学生后期开展语文专业知识学习夯实基础。此外，这也能让学生意识到语文学习的重要性，使学习过程不再枯燥，学习语文更加放松。

再次，教师还承担着“科学评价者”的重要角色。教学评估是所有科目教学的一项重要环节，同时也是教学质量的重要保障。高职院校的大学语文教学评价机制更侧重于评估学生的语文知识应用能力，在评估方法的选用上则通过考察教学成效与教学目标的实现情况，全面评估语文教学效果。整个评估包含了形成性及总结性测试，形成了一个完整的评估系统。具体而言，教师要广泛地进行市场调研，充分了解市场对职业人才的需求情况，并科学设定测试方向和重点，有针对性地对学生的基础知识掌握情况以及实操技能进行评价。在此过程中，教师可以应用网络评估机制，采用信息化评估等形式，促使评估方式更具便利性和规范性，还可以新增评估主体，让参与学生进行互评和自评，提升评估的客观性。

从次，教师更是提升学生综合能力的促进者。高职大学语文教学一方面教授学生语文专业理论知识，另一方面则培育学生的综合职业技能，提前为学生未来就业储备知识与能力。要通过语文教学助力学生树立正确的价值观、择业观等，锻炼学生的沟通能力、社交能力，促进学生全面发展。对此，语文教师要改变以往传统的“管理者”角色，围绕创新学生思维，引领学生学习，帮助学生树立正确观念等方面，引导学生真正成为课堂的主人。比如可以通过开展让“我来做教师”活动，组织学生进行交流探讨，促使学生主动交流，提升语言组织及表达能力。

最后，教师需要成为课堂教学的“反思者”和终身学习者。教学是一个长期的过程，随着社会经济的发展，教育改革的推进，许多传统的教学方法、教学内容已不适应新的发展需求。为此，教师要经常性地进行反思性教学，与时俱进地更新教学内容，改正教学的不足之处。此外，教师还应树立终身学习的理念，定期进行专业理论及技能学习，更新知识理论与教学方法，同时结合社会对职业人才的培育新需求，革新教学内容，创新教学策略。

（二）提高自身综合素质

作为高职教育教师，具备一定的政治素养，热爱自己的教师岗位，乐于为学生奉献是非常必要的。首先，教师要严于律己，遵守道德规范，具有良好的修养，在教学的过程中，需要以身作则，以良好品德带给学生正面影响；其次，教师要具备全面的职业素质，如教学创新能力、合作能力、良好的职业道德等。高职院校学生在毕业后，企业应聘者也会提出相关的职业道德及素养要求，对此，教师要具备较高的职业素质，这样才能在教学活动中如春风细雨般潜移默化地影响和培育学生。

对于高职院校教师而言，学校不仅对其职业素养有着很高的要求，同时对其知识和技能同样也有着很高的要求。首先，我国高职院校的教师需要具备国家承认的大学本科学历或者研究生学历，需要受到专业的培训，掌握所需专业的知识，并获得国家认可颁发的教师资格证书，只有这样才能够任职高职院校。其次，高职院校的教师还需要与时俱进，学习和开展现阶段社会上必不可缺的网络授课，利用媒体设备进行网络教学，提升教学质量。最后，高职院校的教师仅仅掌握课堂上的知识是不能满足学校的教学要求的，还需要拥有动手和实践能力，形成既能开展课堂教学又能带领学生进行实践动手操作能力培养的成熟教学体系和方法。目前，我国的高职院校的教育事业还处于发展阶段，需要大量的教师不断地提升自身的教学能力，助力我国高职院校事业的发展。同时，学校还可以促成教师带领学生和企业的合作，形成产学研一体的完整体系，这样既能够提升学生的实践能力，也能帮助教师提升科学研发能力。

三、管理层加强重视，改善评价方式

（一）提高教师队伍管理水平

高职院校要提升办学效率，首先就要打造一支高素质的教师队伍，这也是高职院校高效育人的重要方式。一支高素质的教师队伍不仅有利于培育高水平的职业人才，同时还能显著提升高职院校的教学管理水平，真正为社会培育高质量应用型职业人才。对此，建设一支能力强、素质高的学生管理团队十分重要。具体来说可以从以下几方面进行完善：其一，建立完善的学生工作队伍机制。在打造学生管理团队的过程中，不能盲目缺乏目标，而要有针对性地将优秀人才进行科学安排，秉承“专兼结合，层次发展”的基本原则，一方面要选聘一些兼职的教师负责学生相关技能的培训，另一方面还要合理安排调配工作教师，根据不同年龄段以老带新的形式互相配合，这样也能有效降低新员工的出错频率，推进学生工作更好地完成。与此同时，为了确保每个岗位都有相关教职人员，在招聘工作人员的过程中，也需要针对岗位需求进行聘选，不同的工作任务，其学历要求有所不同，应尽可能地避免出现大材小用等用工不匹配的现象。职业院校在学生入学阶段的教育管理水平亟待提高，这也导致了学生无法在进入校园后迅速养成自律、规范性的良好习惯。针对这一问题需要高职院校相关管理部门协同合作，共同解决学生在学习及日常生活中遇到的各种困难与问题。为此，高职院校可以针对性地建立“学工部”，专门规划学生管理工作，这一部门可以由学生处、团委等相关部门构成，提升学生管理工作效率。此外，高职院校要高度重视各部门的管理工作理念，首先，作为学生管理工作者要秉承认真工作、为学生服务的态度和意识，围绕学生需求开展各项工作；其次，相关管理人员也应重视教师权利，在维护教师各项权益的同时，监督教师履行工作任务。

其二，加大骨干教育培育。可以采取培训学习、课程竞赛、教学研究等方式大力提升教师的教学水平、教研能力等。骨干教师是整个教师团队的核心，具体来说在团队中承担着以下重要工作：推动建设高品质的课程；作为教学创新改革的重要参与者；积极推进核心教材编写；发表一定数量的科研论文，进行课题组重要项目研究。此外，高职院校还可以针对不同专业的需求，从企业选聘核心骨干员工或管理人员作为高职院校兼职教师，打造高水平的兼职教师库。结合实践教学的需要，每年选聘固定数量的教师，推进开展针对学生的实践教学，联合理论课教师一同进行教材研发、实习指导等。高职院校还应对兼职教师进行专门管理，促使其完善教学能力，既具备一定的实践经验，同时也具备较强的理论教学能力和学生实践实习指导能力。为了更好地发挥兼职教师的作用，高职院校应建立兼职专任教师合作机制，推动双方共同开发创新教材，建设实训基地，推动开展学生实践教学。结合高职大学语文教学团队建设目标，高职院校不仅要打造专门的兼职教师团队 ，同时还要选聘行业内的技术专家等为学生及教师开展学术讲座。除此之外，还要为高职大学语文教师团队建立完善的保障机制，不断提高教师的社会地位，改善教师的薪资待遇。教师待遇水平低的直接结果是可能造成教师人才的流动性加大，不利于建立稳定的教师团队。高质量的职业教育体系需要依托于一支强大的教师团队，而要构建稳定的教师队伍，就需要给予教师更多发展空间，不断提高教师待遇。

（二）改善知识评价方式

要提升高职学生综合素质与职业能力，还可以通过创新教学评价体系，构建完善的质量评估体系，促使评估真正服务于学生教学与个人发展。对此，高职院校可以对以往传统的形成性评价方式进行创新，应用与学生发展需求相一致的发展性评价、过程性评价及内外部结合的评价方式，促使评价方式不断完善，成为促进学生全面发展、提升教学质量以及革新教学方式的助推器。考试是评价学生学习情况的一种重要手段，为了更全面地考查学生对知识的掌握情况，不仅要有针对性地考察基本的理论专业知识、人文知识等，同时也要考查学生理论知识的应用技能。为了创新语文教学考试形式，可以前往实践现场采集与语文教学相关的重点内容。同时也可以打破以往单一的书面考试形式，通过小组考评展示等多种考试方式对学生学习情况进行针对性评估。此外，在评价主体方面，则要采取多元主体评价形式，除让专业教师进行评估之外，还可引进其他相关人员进行评估。

高职大学语文教学的最终目的是让学生学习语文应用知识，在未来进入职场后能够适应工作要求。因此教师可以针对学生未来的岗位应用场景进行模拟，并根据岗位要求设置实践任务，通过这一方式检验和测试学生的语文知识应用能力，并针对学生的不同表现给予相应评分。这一实践教学机制能够全面考察学生的语文知识运用能力，通过了解学生在职业素质、创新思维、工作态度等方面的表现，也能看出学生语文知识应用水平的高低，以及学生对于场景的感知及知识运用的熟练程度。此外，评估过程可以实现师生的共同参与，一方面让教师对学生表现进行评价，另一方面也可以让学生之间互相点评。学生通过点评和被点评能够吸取他人的优点并认识到自身的不足，从而不断反思提升自我。总体来说，以职业化为导向的评价机制能够充分满足我国最高教育机构颁布的《高职高专英语课程教学综合规定》里所提到的应将形成性测试与总结性测试相结合的要求，同时也能有效提高高职学生的职业应用技能。

采取“以证促学”的方式对学生进行评价。职业教育改革背景下，对高职大学语文教学提出了满足职业化发展需求的重要方向，即高职大学语文教学课程的最终目的是推动学生未来的就业发展及辅助学生专业课的学习。现阶段，许多高职院校大学语文教学缺乏标准的考试测试评价方式，不同于英语教学的等级测试，语文教学也需要根据学生的不同需求，设立专门的职业等级证书，以此评定学生的语文水平，从而实现以考证促进学生学习的目的。这样不仅有利于为学生增加证书荣誉，同时还能侧面提升学生对语文课程学习的热情和信心。

应用多元化的评价方式。多元化的评价所指的是 ，评价不是单一的，而是多方面、多角度的，这不仅体现在评估对象的多元性，还体现在评估方式的丰富性。具体来说，多角度的评价即教师在开展教学评估之时，要综合评估学生的上课表现、学习态度、自我认可度、思考能力、创新能力，还应评估学生外在所表现出的语文基础、语文应用能力等。建构主义理论主张，学生作为受教育者，需要重构外来知识，针对语文课程的不同类型执行不同的策略。此外，将单一的教师评估转变为多种评估方式，融合学生自评、互评等，通过多样化的评估机制，改变以往单一的纸上测评形式。同时，还可以采用教师点评、书面测试、情境演绎、交流互动等多种形式，以动态化的评估，结合现阶段对高职学生的职业素质要求、职业技能培育目标等内容，推动岗位实践活动的开展，构建有助于提升学生综合素质，实现长远发展的评价机制。要密切关注和跟进学生的学习情况，同时了解学生的学习动机、学习态度、自我提升与发展情况，多角度提升学生的技能水平和职业素质，顺应现当代社会对高职人才培育的新要求。此外，提升教师的教学热情也有助于指导学生更快地掌握准确的学习方法以及获得解决问题的途径。教师要加强对学生职业能力的培育，理论专业知识的传授只是一部分，更多的是要加强学生的职业实践，从而从整体上提高学生的综合能力。实际上，在高职院校内，极少能看到高职学生互相竞争，进取学习的场景，许多高职学生未树立正确的学习态度，缺乏长久的学习耐心，自律性和自控力不足。

针对此现象，许多高职教师并未给予学生正确的引导。可以让学生在假期参与社会实训活动，学生在实践中能够发现自身的不足，学习态度也会发生较大转变，大大提升对语文课程的学习兴趣。与此同时，还有一些学生在准备专升本考试的过程中，逐渐意识到学好语文知识的重要性。这种情况的发生，实际上都表明，作为教师要动态地看待学生对学习的态度，应该以积极的、正面的眼光看待学生的学习，并给予客观指导。通过多样化的评估方式，赋予学生学习的动力，有助于提高学生学习语文的自信心。

第六章　活动教学在高职大学语文教学中的应用

第一节　高职大学语文活动教学的内涵

一、活动教学法的概念

活动教学法也叫作活动型教学法，是在教育改革新形势下发展和推广的一种创新教学法。活动型教学法一般要求教师按照教学大纲内容以及学生需要掌握的知识点，依照学生的心理和生理特点，创设合理的教学情景，引导学生自觉参与阅读、学习和游戏等活动，从而提高学生的学习能力和学习水平。活动教学法能够积极调动学生的听觉、视觉、感觉、触觉等多种感官，经过大脑系统的统一指挥，使学生获得更多的知识，提升学生的参与度。

在推行活动教学法的过程中，皮亚杰做出了杰出的贡献，他对活动教学法的起源历程，以及其中的心理学参考进行了透彻、独到的阐述。活动教学法涉及的活动具有其独有的规定性，区别于一般意义的人类活动，教师在教学过程中对学生进行适当的引导，使学生能够独立地进行学习和发展。活动教学法中涉及的理论知识，也是随着活动教学法的不断创新和改革，而不断完善的，师生之间的协同关系愈加紧密，在共同研究客体的运动规律基础上，达成理论和实践的共识，也就是说活动教学法不仅是师生共同认识客体、了解现实情况的过程，也是一个共同协作、解决实践问题，探索和发现知识的过程。

通过以上分析，本研究对活动教学法的基本概念进行了概述，活动教学法就是在教学过程中，创设兼具教育性、创新性、实践性，操作性较强，以学生为主体的活动，以便引导学生积极参与、主动思考、自觉实践，促进学生综合能力提升和发展的教学方法。

二、高职大学语文活动教学的类型

(一) 语文体验型活动教学

体验是发自人类内心的一种感受，与个人经历有着直接的关系。语文体验型活动教学法，主要是通过创设活动情景，激发学生参与活动的积极性，引导学生根据自身的经历和经验，对已掌握的知识进行重组和改造，从而获取新的知识，并在此过程中不断陶冶情操、完善自身性格。语文体验型活动教学法的过程主要包含四个部分，分别是创设情景、活动交流、适当引导、转移领悟。以高职大学语文教学中的《祝福》为例：

准备环节。熟悉掌握《祝福》的全部剧情和细节，并分列各情节设计的历史背景、人物服装和发型以及各种道具，包括祥林嫂的破碗、竹棍、竹篮，以及鲁四奶奶的发髻等。同时检查舞台情景布置、灯光音效等。

编排环节。对整个故事进行重新整理和编制，在剧本改编过程中，可以对任务、动作进行适当增减，并对舞台设置进行详细说明。在增加人物的环节中，要根据剧情的发展，以及人物的性格特点，结合舞台情景设置等进行适当改编，在改编的过程中，可以组织学生进行交流讨论，增强学生在编排过程中对自身角色的熟悉度和领悟度，提高学生对剧中人物的体验感。

演出环节。演出过程中要求对角色的身份、性格特点进行深刻理解，对人物的神情、语言进行反复推敲，以求在表演过程中，能够神态若然，通过对话的语速、语调、停顿和侧重点，准确表达人物的性格特点，吸引观众的眼球。

评价环节。表演完成后，教师可以组织学生分组对编剧、表演的效果进行交流讨论，侧重找出创新和成功的闪光点，同时也客观提出存在的问题，指出以后的努力方向。通过学生的评价结果，对学生进行不同的奖励，可以分为一、二、三等奖，以及最佳表演奖、最佳台风奖等。之后，教师引导学生回忆自身的经历，结合自己的真实感悟，写出最终的个人体验总结。

(二) 语文交往型活动教学

语文交往型活动教学，是将学生分成若干个小组，并以此为单位展开交往活动。在活动过程中，师生之间通过交谈、讨论、学习等方式，充分表达个人的思想观念，提出疑问，并分享创意独特的对策和方法。教师摆脱以往高高在上的主体形象，逐步转变为学生的“伙伴”“引导者”等角色，为学生提供充分的自由空间，积极引导学生自主探索提出独到的解决方案，使学生能够自由组成交流小组，在沟通互动的过程中提高自身的主体意识、团队意识，经过研讨形成新的知识和感悟。

例如在讲解《雷雨》的人物形象时，教师可以将学生分为几个小组，针对“周朴园果真坏到连自己都不认为是好人的程度吗”这个问题进行讨论。当进入讨论环节后，有的学生表示赞成，有的同学则表示反对，小组之间的意见存在差别，同一小组不同的学生之间也存在较大分歧，并且每个学生都从自己的意见角度出发给出了充分的理由，讨论激烈。在强烈的互动过程中，大家对同一个问题在思想上有了对立的碰撞，再通过充分的辩论，对周朴园这个人物的特点和形象有了更加深刻的理解。最后，经过学生的讨论和教师的引导，同学们再去审读原文，最终形成了统一的意见，那就是周朴园是一个自私自利、冷酷无情的资本家。

（三）语文操作型活动教学

语文操作型活动教学是指在老师的引导下，学生通过动手操作，结合自身的思考，获取知识，提高观察能力、操作能力，扩展思维能力的方法。在进行操作型活动教学的过程中，教师要提出明确的要求，充分引导，同时加强对过程的评价、做出准确的反馈，并鼓励学生在教师的示范和引导下，仔细观察、敢于尝试、创新提升。教师可以通过布置手抄报作业、剪辑文献资料、制作 PPT 课件、手绘课文插图等形式，提升学生的理解能力和动手能力。例如在讲解《致橡树》一课时，让学生进行配乐朗诵；在讲授《我与地坛》一文时，让学生在网上搜索有关资料，制作 PPT 课件；在讲解《林黛玉进贾府》一文时，要求学生以课文为基础，画出路线图等。通过不同的形式，加深学生对课文的熟悉和掌握程度，并通过引导进一步提升学生的感悟和理解能力，探索提高学生学习效率的方法。

（四）语文探究型活动教学

语文探究型活动教学主要是指在教师的指引下，以学生为主体进行自觉探究和发现知识过程的教学活动，最终的目标是培养学生的创造精神和探究能力。在探究型活动教学中，教师需要创设具有科学探究性质的情景，并提供充分的探究和发现的材料，鼓励学生采取探究的方法，对提供的大量信息产生怀疑，并对其进行充分分析和判断，再与其他学生进行交流和辩论，最终将探究结果分享给教师和同学，从而培养和提高学生的自主探究能力。

例如在讲解《边城》一文时，可根据教学内容模块将全部学生分为多个小组，每个小组4～5人，要求学生对比阅读《边城》和《荷花淀》，并从环境、背景、人物、情景、语言等不同方面展开探究性讨论，整理总结两位作家在小说创作方面展现的不同风格。学生在对比阅读后，可以通过网上搜查资料，各抒己见，交流探讨，最终在教师的指引下形成统一的观点。两篇小说的相同点是都描绘了带有浓郁乡土气息的田园风光，充分展示了人的本性美，同时，在构思表达上，都运用了“伏笔”手法，灵活地推动情节发展。

而两者的不同点表现在多个方面。从创作初衷来看，《荷花淀》在描述抗战时期一个先进家庭中的夫妻关系的基础上，彰显了冀中根据地妇女重大局、爱祖国的高尚品质和革命精神，整体感情以乐观、喜悦为主；而《边城》是在详细描述翠翠和恋人傩送之间的爱情悲剧，表现了人们在环境和社会面前无法掌握自己命运的无奈，代代重复的悲惨人生，传达了作者对民族和个人的悲隐之情，整体感情以悲伤、忧郁为主。从表现手法来看，《荷花淀》在描述人物形象时侧重于人物的对话，从语言中呈现人物的性格特点；而《边城》在描述人物形象时则侧重于对人物心理的刻画，通过细腻、全面的心理变化展现人物性格特点。在两篇文章的对比阅读中，学生能够举一反三，理解文章隐藏的深刻情感，理解和对比的过程，是学生掌握和巩固知识的过程，同时也能增强学生对新知识的挖掘和吸收。

(五) 语文创造型活动教学

语文创造型活动教学的重点在于培养学生的求异思维，提高学生的创新能力，提倡学生提出质疑、勇于探索、敢于创新，只要学生能够真实表达与自己、与过去、与他人不同的意见，就可以认为是创新。语文创造型活动教学法以教学资源为基础，以教学内容为依据，结合学生的实际能力，提出答案多项化的问题，激发学生从不同角度思考问题，给出具有创新性的答案，并鼓励学生对现有的答案和结论提出质疑，发表个人的见解。

比如在讲解《项链》一文时，教师可以向学生提出两个问题，一个是在未读小说结局的情况下，大家根据前文对项链的真假进行推测；另一个是当得知项链是假的之后，马蒂尔德的心理变化和反应会是怎样。学生可以根据自己的推测和想法，为小说续写结尾。学生在经过周密思考后，表达自己的观点，有的学生说马蒂尔德可能会由于受不了打击，精神失常而跳楼自杀；有的学生说马蒂尔德表现出一如既往的冷淡态度，继续纸醉迷金的生活；还有的学生说马蒂尔德经过十年的岁月蹉跎，当听到这个消息后先是震惊了一下，然后心情平静下来坦然一笑，回归到以往平淡的生活中。对于学生的推理是否正确妥当，教师不做主观的评判，而是表扬学生可以从不同的角度发挥想象，根据一定的逻辑推断出自己的观点。这个过程活跃了学生的思维，激发了其创新潜能。

第二节　高职大学语文活动教学的原则

在高职大学语文教学中实施活动教学法大有裨益，为传统的语文教学注入了新鲜血液，带动语文教学充满活力，展现出应有的风采。但是，在高职大学语文教学中采用活动教学法，并不代表可以随意不讲原则地开展教学活动。开展大学语文活动教学，要以学生的实际情况为基础，依照教学内容，脚踏实地，采取有意义有效果的活动，体现出教学的有效性。在高职大学语文教学中开展活动教学要遵循以下几个原则：

一、长期性原则

语文活动的设置和发展要制定长远规划，不能像无头苍蝇一样乱撞，也要避免眉毛胡子一把抓。很多学校和老师在开展语文活动的规划性方面表现出很大的差异，有的学校和教师心血来潮，就会突然性地开展一次语文活动。有的学校和教师甚至已经遗忘语文活动，一年半载也不会开展一次。情况较好的学校和教师，可能会一学期开展一到两次语文活动。但是单调、形式化的语文活动，却被写入重大教研成果。

长期性原则要求教师在开展语文活动教学时，结合学生的实际情况以及教学内容的需要，将有张有弛的活动安排，贯穿于整个语文教学过程中，得到有效的教学成果。持续高效的语文活动，能够增强学生对语文的兴趣，使其受到语文知识的熏陶。形式多样、活泼有趣的语文活动，可以增强学生对语文知识的学习主动性，提高学生对语文的感知和运用能力。比如，开展“经典诵读”活动，可以鼓励学生养成每日早晨朗诵诗文的习惯，一段时间之后，学生的热情可能会随着时间的推移而有所减退，此时，语文教师就可以适时组织开展“朗诵比赛”“古诗擂台”“诗配画比拼”等系列活动，逐步将“经典诵读”引入更深层次，掀起新一轮的学习高潮，从而带动学生持续自觉地学习语文知识，积极参与语文活动。

凭借偶尔一次两次的语文活动，期盼学生能够在语文学习水平上有质的提高，是不现实的。只有制定合理的长期规划，持续保持耐心，同时根据实时变化，不断创新教学措施，才能使语文活动保持长久有效的状态，达到预期的目标和效果。

二、趣味性原则

趣味性原则要求组织开展的语文活动，要充分考虑学生的兴趣爱好，适合学生年龄阶段，并且形式多样，丰富多彩，充分吸引学生的兴趣。比如在提高学生课外阅读兴趣的过程中，向学生推荐毛泽东《实践论》《矛盾论》，学生的兴趣不高，难以专心阅读，更不用说自觉深入挖掘新知识了。

一般情况下，老师组织学生参加春游、野炊等活动，以及组织学生集体看电影、看电视时，都会在活动结束后，安排学生写一篇心得体会。在轻松情况下，附带学习作业，学生容易产生抵触心理，即使是按照老师要求完成了作业，也无法充分体现学生的写作能力。为了增强活动的趣味性，教师可以组织学生开展“恳谈会”“交流会”等，让学生在谈论的过程中，各抒己见、积极发言，给予学生广阔的自由空间。同时，可以与作文写作相结合，开展“看图作文”“作文接力”“集体作文”等丰富的活动形式，提高语文学习的趣味性。在实际的语文教学活动中，活动形式十分丰富，如“成语接龙”“讲故事猜谜语”“趣味知识大赛”等，只要教师敢于尝试，开动脑筋，就能够挖掘和探索出形式多样的趣味语文活动，培养出更多的语文爱好者。

在语文活动中，要遵循趣味性原则，就要摒弃庸俗化、形式化的弊端。第一是庸俗化。经过多年的习惯积累，很多学生一讲故事，开头就是“从前，有一个贫困的村庄……”学生在出演话剧《背影》时，身着厚重的衣服攀越栏杆，对话中出现不严肃的内容，使得演出的学生无法理解话剧的真实含义，演出效果不佳，而且看话剧的学生也无法投入其中，导致语文活动庸俗化，降低了语文活动教学的档次。第二是形式化。很多教师和学校未能把握开展语文活动的真正意义，只是出于搞活动而搞活动。比如在组织猜谜活动时，只是简单地罗列猜谜题目，而不讲究谜题的设置和谜底的揭发，无法提高学生对猜谜活动的兴趣，更难以使学生从中获得知识和方法，对学生的语文学习提高无法起到应有的作用。

三、民主性原则

教育学者李镇西指出，教师从事教育事业，要本着“民主、个性”的原则，积极与学生交朋友，抛弃高高在上的审判官角色。在李镇西组织的形式多样的语文活动中，他将学生的活力和个性放在第一位，给予学生自由发挥的广阔空间，让学生能够自由表现，主动与同学和老师讨论问题，拉近教师和学生之间的距离。与学生外出采风，也是将自己当作学生群体中的一员，与学生一起做游戏、讲故事、评小说，与学生融为一体，建立了深厚的师生友谊。

在组织开展语文活动的过程中，教师要保持谦虚、包容、真挚的态度。犹如苏霍姆林斯基所说：“要与孩子们有共同的兴趣、爱好和追求。”对教育而言最重要的是，教师和学生在精神层面达成共识，保持良好的交流和沟通。如果教育者将自身摆在至高无上的位置，就难以了解学生的真实想法，更无法与学生建立互相信任、亲密的师生关系。在设计语文活动的过程中，教师要充分征求学生的意见，突出学生的主体地位，避免出现“学术专权”的现象。

坚持民主原则是对新时期教师的一项基本要求。在日常的语文活动中，普遍存在老师独自策划活动的情况，老师设置了一定的程序，学生只能按照既定的规则开展活动，难以展示自身的想法，做出具有独特创意的行为。一旦出现超越既定规则的行为，就可能会引起老师对学生的埋怨和指责。如“不要说你自己的想法，你忘记我是怎么说的了吗?”“你怎么能这样呢，不按我说的做就是错的”“如果大家不按照我说的做，以后这种活动就取消了……”等等，这种情况在现实的语文活动中经常出现，破坏了学生对语文活动的兴趣和良好印象。

四、鼓励性原则

美国教育心理学家吉诺特博士在从事教育事业多年以后，总结出一个朴实而震惊的结论，那就是教师成败的决定因素，在于教师本身。作为教师，可以传递给学生巨大的正能量，让学生能够奋发图强，感受快乐。但若方法不当，也会给学生带来痛苦，让学生的心灵受到折磨。所以，教师的作用是把双刃剑，既能让人开心也能让人伤心，在何种情况下，让学生感受到怎样的情感，教师起到了决定性作用。很多学生具有得天独厚的天赋，拥有丰富的想象力，在自由的空间内可以尽情发挥自己的才能。语文教师在教学活动中，遇到积极表现自己的学生，要给予充分的鼓励，引导学生在语文学习中投入更大的热情和努力，避免随意贬低学生，给学生学习的积极性造成打击。

在语文写作教学过程中，学生的思路天马行空，有时候写出的文章，老师在短时间内可能无法接受和理解，在这种情况下，为了保护学生的自由发挥热情，教师不要随意做出评价，而是保持客观中立的态度。教师要将自身摆在客观的位置，如果学生突发奇想说出了意料之外的话，教师也要保持客观的态度，并给予鼓励。在比赛性质的活动中，有的学生会取胜，有的学生会落败，老师要发挥陪衬作用，给予获胜学生以褒奖，给予失败学生以鼓励。

例如教师开展了一次主题为“假如没有阳光”的讨论课，如果地球失去了阳光的滋养，世界将会变成什么样子？按照常规来说，这是一个极其广泛的命题，可以充分激发学生的想象力。讨论课上，有的学生说没有了阳光世界会陷入寒冷，有的同学说没有了阳光万物将被毁灭……当学生们讨论得热火朝天时，有学生却从真实情况出发，说道：“太阳是万物之源，是不可能毁灭的，也就不能失去阳光，这是不争的事实。我们在这讨论这种‘假如没有’的假命题，实在是太无聊了”。当面对这样的反驳时，教师要如何应对？

《学习的革命》中提到：“一个孩子处于鼓励环境，他就会变得自信；一个孩子处于认可环境，他就会变得自爱；当一个孩子处于批评环境，他就会变得刻薄；当一个孩子处于羞辱环境，他就会变得自卑”。所以，教师要保护和鼓励学生冲破束缚，培养他们勇于突破传统的勇气。在出现错误时，教师可以适当地引导，给予鼓励和支持，即使难以给予鼓励和支持，也要避免说出否定或贬低的字眼。比如贬低的语言“你真是笨死了，我对你无话可说”“你简直无可救药，好自为之吧”；挖苦的语言“你真是能得要上天啊，你这么厉害直接去大学当教授得了”；强制的语言“你别给我说这些，我说不行就不行”；威胁的语言“你再有一次，我保证让你再也不能听我的课”。面对学生顽劣的行为或不听劝阻的情况，即使批评也要带有鼓励性或商量性的语气，比如商量式的惩罚“明天我们一起背诵一篇课文，你选篇短的，我选篇长的”；玩笑式的提醒“高兴也要顾及一下桌子的感受哦”；转化式的鼓励“你看，XX都发言了，平时不怎么爱说话这次都能滔滔不绝，很好，下次一定比这次还要好”。作为一名语文教师，要以学生为主体，时刻给予鼓励，适时给予提醒，在活动中，善于利用积极的语言，让学生倍感自信。

五、群体提高与个体进步相结合的原则

学生是教育事业的服务群体，具有一定的群体性、组织性和有序性，他们充满活动，个体张扬。在开展语文活动时，教师要以学生为主体，凸显其自我价值，同时还要针对不同性格的学生采取不同的教育方法，最大程度地挖掘每个学生的潜能。

例如在剧本表演课堂上，有些学生充分展现出自身的表演天赋，对人物性格把握准确，演出效果良好，让其担任主要角色水到渠成。但是，也有一些学生性格内敛，畏惧在众人面前表演，表演天赋较为薄弱。那如何挖掘这些学生在剧本表演上的能力呢？以《西厢记》为例，不善于表演的学生可以负责写剧本，表演天赋不强的同学可以表演辅助的家丁等角色，细心有体力的学生可以负责道具的准备和设计。这样，学生都能够参与到剧本表演活动中来，享受演出的快乐和参与的乐趣。

学生的语言天赋和理解能力有高低之分，在开展语文教学活动时，要注重因材施教。对于能力较强的学生，教师可以以引导为主，向其推荐伟人著作、名人传记等，帮助他们树立正确的人生观和价值观，使其客观清晰地认识自己。同时也要磨炼其受打击能力，让他们多参加能弥补短板的语文活动，鼓励其不断完善自己，提升自己。而对于能力较差的学生，教师要侧重于情感抚慰，开导其不必以分数来评判自己，而是要鼓足勇气，充满自信，寻找适合自己的学习方法。

六、培养习惯与提高能力相结合的原则

叶圣陶先生曾讲："教育，就是培养一种习惯。"日常开展语文活动，教师要将提升学生语文能力和培养良好的语文学习习惯紧密结合，并使培养语文学习习惯的观念贯穿于整个语文活动过程，培养学生的阅读习惯，提高学生使用工具书的能力。"读书千遍，其义自见。"在不断的阅读和练习过程中，学生能够根据文章采用合适的阅读方法，通过浏览、精读或研读，感悟和领会文章中的精美绝句，必要时还可以摘录、评注。在语文教学活动中，教师要增加阅读活动的比例，吸引更多的学生参与阅读，并养成良好的阅读习惯。

培养学生正确的语言表达习惯。在开展语文活动的过程中，学生自由发挥、

积极发言的机会较多。为了培养学生正确的语言表达习惯，教师要引导学生吐字清晰、声音洪亮，用词恰当、表达得体。表明自己的观点时，可以以“我认为”“我的观点是”等开头；对其他同学的意见持反对意见时，可以以“我赞同某同学的意见，但是我还有几点补充”“我与某同学的意见有出入，我的观点是”等开头。发言结束后，要说“我的发言完毕，谢谢”“这是我的发言，请大家多多指教”等。

培养学生倾听的习惯。在日常的语文活动中，虽然学生众多，但发言的学生还是少数，大部分学生扮演着倾听者的角色，所以养成良好的倾听习惯，也是提高其能力的方法。在倾听的过程中，学生要保持良好的坐姿，并适时地用身体语言给发言同学以回应。例如当同学演讲到精彩之处时，可以给予掌声；当对同学的发言持否定意见时，可以摇头表示，但是不可以随便打断。认真记录他人的意见，反复思索自己与他人的不同，从中提炼出精华。

培养学生批评的习惯。中国科学院邹东涛先生提出了“十字形人才”的概念，将人才分为四种，分别是“一字形人才”“1 字形人才”“T 字形人才”和“十字形人才”。“一字形人才”具有广阔的知识面，但是缺少对专业领域的深入研究和创新。“1 字形人才”虽然对某项知识研究深入，但是知识面过窄。“T 字形人才”虽然具备了广阔的知识面，也具备了对某项知识的深入研究，但是缺乏敢于质疑的精神，畏惧出头。“十字形人才”则兼具了各种人才的优点，兼具广阔的知识面和对某项知识点的深入研究，同时还体现出一定的敢于批判、出头的担当精神。在竞争日益激烈的今天，学生要注重培养自己的各项能力，努力向“十字形人才”发展。

教师要注重培养学生的批评习惯，摒弃盲从他人、迷信专家的陋习，提高学生自我肯定的信心，培养符合未来社会需要的人才。在语文活动中，教师要为学生提供自由发挥的空间，鼓励学生自由发言、敢于质疑、积极讨论。同时，在挑选活动时，尽量选择对学生创新能力、冒险精神有利的活动，对有创新精神和批判精神的学生给予肯定和鼓励，并号召大家向他学习。

综上所述，语文教学活动要保持长久稳定开展，发挥长效，坚持原则，有序推进。只有这样，学生才能在语文教学活动中，学习更多知识，提高实践能力，在踏入社会后尽快适应工作岗位。

第三节 基于活动教学的高职大学语文应用能力培养教学设计

一、基于活动教学的高职大学语文应用能力培养教学设计的流程

在《现代汉语词典》中，对于模式的解释是这样的："某种事物的标准形式或者能够让人据此模仿的标准样式。"具体到教学模式，即在教学的过程中，教师和学生能够据此进行教学和学习的标准形式、范式、程式、套路等，是为了方便教学和提高教学质量而设置的结构、程序与步骤。《教育大辞典》对教学模式做出了如下定义："其是反映特定的教学理论的基本框架，是为了达到某种教学目标而设置的具体的教学活动架构。"

因为活动形式丰富多样，所以活动教学法的教学模式也呈现出多样化的特点，具体包括以下多种形式：问题—解决式、专题—创作式、主题—表达式、游戏—互动式、课题—研讨式、话题—对话式、景观—游览式、生活—体验式、事件—调查式、新闻—访谈式、文本—鉴赏式、体育—训练式、社区—服务式、科学—实验式、网络—搜寻式、方案—设计式、文艺—演出式、书报—浏览式、影视—观赏式、技能—操作式、劳动—体验式、口语—交际式、任务—合作式、情感—交流式、情境—陶冶式、学科—渗透式等。

上述所列举的多个活动教学模式是教学过程中常见的教学基本样式，为教师开展教学活动提供了有益的参考。按照教学模式方面的权威专家查有梁的观点，所有的教学模式都有一个相对稳定的程序，由于每一种模式所依托的理论依据、承担的教学内容存在差异，会导致教学步骤的不同。如果进行深入的分析就会发现，上述所列举的活动教学法教学模式的程序大都存在不同之处，但是因为这些教学模式在指导思想方面具有一致性，所以它们的流程在本质上大致没有差别。通过对上述模式程序进行研究和分析，活动教学法的教学流程可以总结为以下五个方面：

（一）设计活动主题

主题的设计即教师和学生按照教学目标、教学内容等对活动项目进行策划，活动主题是活动的项目、专题、课题、问题、话题和论题。每一个活动都会有一

个主题，这个主题是整个活动的关键，是活动的核心和灵魂。假如一个活动没有主题，那么它将会呈现出杂乱无章的状态，毫无效果。所以在设计活动主题时，必须非常用心，可以先由教师主导，形成一个大概的活的方案框架，然后请学生参加讨论，给出一个策划预案，并对预案不断进行完善，形成最终的方案；或者先由学生们自主商议，共同就活动主题进行讨论，形成一个大家都比较认同的方案，然后交由老师对方案进行把关，最终确定方案。

（二）活动准备

在确定了活动的主题与实施方案后，接下来要做的就是按照事先确定的主题与实施方案进行活动的准备，只有做好充分的准备工作，才能够确保实施方案的顺利实现。具体的准备活动应当考虑以下三个方面：首先是物质方面的准备。应当配齐活动所需的设备、设施、工具和材料；其次是心理方面的准备。在活动开始之前，教师和学生都应当在思想上坚定信念，保持良好的心态，避免中途由于思想的变化或者情绪的波动妨碍活动的实施；最后应当为活动的实施营造良好的环境，竭力争取家庭、社区、学校等方面的支持，为活动的顺利开展提供有力保障。

（三）活动实施

活动实施是指活动方案具体实践的过程，是老师和学生共同配合完成活动任务的正规流程。在这一过程中，教师需要做好学生们的组织、管理与参谋工作，发挥积极的引导作用，而学生则需要主动、积极、自觉地参与到活动中，发挥自身的主体作用，实现更加全面的成长。因为活动的形式存在差异，所以活动实施的过程也不尽相同，这就要求活动的参与者要根据活动形式把握自身的行为。从过去的经验来看，活动教学法主要通过以下多种方式实施，例如探究发现法、调查研究法、实验试验法、设计制作法、参观考察法、文献查阅法、言语交流法、实际操作法、问题探讨法、网络搜寻法、社区服务法、访谈法、表演法、竞赛法、游览法、创编法、体验法、游戏法、训练法、鉴赏法、合作法等等。

（四）成果展现

活动教学法的形式多种多样，其最终结果、成果也不尽相同，总的来看，大约分为以下四种基本形式，分别是作品展览、调查报告与科学报告、汇报与演出、学术论文等。作品是设计、制作、创作的成果，可以进行展出、发表或者出版，反映的是活动教学的成果。汇报和演出属于文体活动、社区服务等活动范畴，通过向老师、家长、学生以及社会公众汇报或演出，实现教育的目的。调查报告、科学报告以及学术论文，是活动教学法的文字表现形式，能够反映学生的学习效果。

（五）总结反思

从制定方案、活动准备，到活动实施、成果展示，再到总结反思，这一过程是前后衔接，层层递进的。活动教学法的最终成果以展出、演出、报告、答辩的形式呈现出来，但在此之后还需要进行必要的总结和反思。对活动教学法的过程与成果进行总结和反思，有利于得出对活动过程的客观评价，总结活动过程中的经验和教训，以便为下一次活动提供借鉴。除此之外，教师和学生在总结与反思的过程中还可以相互交流、共同学习，更好地提升自身的综合素质。

二、基于活动教学的高职大学语文应用能力培养教学设计的策略

（一）语文课外活动课程化

语文教学要想突破传统教学模式的窠臼，就应当更加重视其教学内容的开放性以及教学方法的多样性，尤其需要重视引导学生们通过切身感悟现实生活自主学习和探索语文的真谛。教师可以通过开展课外活动，使语文课外活动课程化，为学生们进行语文学习提供便利。然而，现实的情况是课外活动往往缺少系统的教学目标、教学方法与教学内容，导致课外活动很难有效进行下去，很多学校只是将课外活动作为课堂教学的补充，或者仅仅是可有可无的简单点缀。为了更好地发挥语文课外活动的价值，学校和教师应当重视语文课外活动的重要作用，将其纳入正式的语文课程中，在时间和空间上给予更多的保障，更好地发挥其教育价值。

语文课外活动课程化大致经历了三个阶段：第一阶段是将课外活动当作第二课堂，第二阶段是将课外活动当作第二渠道，第三阶段是将课外活动当作活动课程。国家教育部门出台的相关文件，把活动与学科并列纳入课程设置中，并规定课程的内容应当包括学科类课程与活动类课程。活动类课程主要包括阅读活动、写作活动、听说活动等内容，具体的活动有报告会、朗诵会、故事会、演讲会

等，或者组织各类语文小组与文学社团等。在开展语文活动课程的时，应当遵循以下流程：

首先是关于时间的安排。当前，部分学校按照主次或并列关系安排学科类课程与活动类课程，例如“5＋1＋1”制，即用五天的时间学习学科课程，用一天的时间进行课外活动，用一天的时间休息；也有部分学校实行“半日制”，用半天的时间学习学科课程，用半天的时间进行课外活动。关于时间上的安排，各类学校可以根据自身的实际情况，围绕提高学生的语文综合素质这一核心目标，科学地进行统筹安排。

其次是关于地点的安排。学校可以结合自身实际情况，选择在校内或者校外开展活动类课程，也可以选择在课堂内或者课堂外进行。

再次是关于活动的组织形式。最理想的语文活动课程组织形式应当是在教师的引导下，学生根据自身的兴趣爱好、优势特长等，自愿组合成活动小组。这种形式打破了原有班级单位僵化的情况，各个活动小组的成员因为兴趣爱好、优势特长等组合在一起，更容易形成一种归属感和认同感，并愿意为了达成一定的活动目标而努力，成员之间的感情更加融洽，合作更加密切，学习的效率也会大大提高。

最后是关于活动的方式。一般来说，根据活动主题来确定活动的方式，才能保证活动不走样。具体而言就是要围绕一个主题，鲜明而突出地提出所要解决的某些问题，并重视运用多方面知识、多种能力、多种方法促成问题的解决，使得教学过程更加充满活力，呈现出一种时空交错的状态和立体感。总的来看，主题活动主要包括主题深化式、主题辐射式、主题立体式三种模式。

主题深化式是指活动围绕着一个主题展开，整个过程分为多个阶段，前后各个阶段紧密衔接，密切配合，共同推进主题向纵深发展；主题辐射式是指活动围绕着一个主题展开，通过合适的形式开展与主题相关的活动内容，这一模式的活动课程设计的特点是与主题相关的各个活动之间相互独立且并列，在逻辑上不存在先后顺序；主题立体式是指先确定一个主题，并对这个主题进行进一步分解，将其划分为多个子主题，如果确实因为活动的需要，还可以对子主题进行划分，使之分解成多个次子主题，由学生在各个次子主题中自主选择某一项，然后独立完成这一活动。主题的分解工作是由老师和学生合作进行的，以学生的意见为主，教师需要做的就是在一旁进行引导和补充。主题立体式适用于解决那些比较重大的课题，因为重大课题往往涉及多种学科，需要用到多种原理和方法，为了解决这一重大课题，教师和学生需要对主题进行分解和细化，使之呈现出更加立体的姿态。应当根据活动的需要和各类模式的特点选择应用何种模式，具体参考以下原则：主题深化式模式适用于培养学生的思想道德意识，有利于学生们分阶段地进行品德的知、情、意、行的转化；主题辐射式模式更加符合与文学艺术相关的主题活动；主题立体式则更加适用于和自然社会相关的主题活动。以上三种模式可以独立使用，也可以组合使用。

（二）语文课堂教学活动化

从当前语文课外活动开展的实际情况来看，缺少实践性、开放性、自主性与创造性是其不足之处。假如语文教师能够充分认识课外活动的这些特点，将部分活动的要素融入课内教学中，使学生在课堂之上能够积极主动地去实践和创造，语文课堂一定会更加生动、更加具有活力，教学的效果也会变得更好。

1. 语文活动教学内容

活动教学作为一种具体的教学形式，势必会有其特定的教学内容。活动教学是以问题性、策略性、情感性、技能性以及程序性知识为主要学习内容的教学。现代认知心理学的相关理论对知识这一概念进行了描述。从广义上来看，知识主要包括陈述性知识与程序性知识，所谓陈述性知识主要是关于“是什么”的知识，通过教师向学生讲解，由学生进行记录和记忆，所以这类知识也被称之为记忆性知识；所谓程序性知识主要是关于“为什么”和“怎么办”的知识，包括概念、规则、原理的理解及运用，解决问题的技能、方法与策略，以及情感的体验，等等，程序性知识与陈述性知识相比更加特殊化、个性化，客观上要求必须通过活动的形式来完成知识的内化。通过观察高职大学语文课程可以看出，语文活动教学的内容主要包括以下两类：

（1）配合单篇课文的活动

首先是配合单篇课文的活动教学内容。例如在《我的老师》这篇课文中，课后的“积累、联想”练习，要求学生“思考作者回忆的七件往事，结合自身的亲身经历，列举一到两件曾经使你感动的事情，口头介绍曾经对你有过帮助的老师或者同学”；在《第二次考试》这一课中，课后练习要求学生尝试口头复述课文的主要内容，教师可以在这一要求的基础上创新设计课堂活动，例如通过联想分析一下主人公当时的心情或者想法等；在《悼亡妇》这一课结束后，教师可以给学生提供朱自清其他作品的名称，让学生在课外阅读这些散文，并嘱咐学生记录好读书笔记，促使学生在阅读过程中练习自己的概括总结能力，提高自身的语文综合素质。教师还可以让学生共同讨论交流自己阅读朱自清散文后的心得体会，使学生在互动交流中提升自己的认识能力；在教授《林黛玉进贾府》一课时，教师可以在课前向学生推荐《红楼梦》这本名著，并通过网络等平台查找关于红楼梦的学术研究成果，帮助学生从整体上了解林黛玉这一人物形象，全面认识红楼梦的艺术价值。

(2) 结合单元教学的活动

在完成某一单元的课程之后，教师可以就这一单元的主题开展某项活动。例如在完成以散文为主要内容的单元之后，教师可以引导学生从网络、书刊、报纸上摘抄那些凝练、经典的散文佳作，并组织开展优秀散文讨论交流会，让学生朗诵自己喜爱的散文作品，并针对这些散文作品谈谈自己的认识，其他学生展开讨论，最终评选出在选文质量、朗诵水平方面比较优秀的学生，对其进行奖励。除此之外，根据单元课程内容的不同，教师可以有针对性地开展其他活动，例如组织开展“知识小品赏析会”或者“如何写好议论文讨论会”等活动。开展上述活动，能够有效激发学生对语文学习的积极性，拓展学生的视野，培养学生优秀的个性，提高学生认识语文、运用语文知识的能力，提升学生的文化素养与道德品质。

2. 语文活动教学方法

活动教学法整合了近代科学的观察教学法、实验教学法的优点，同时又吸纳了现代科学的假设法、证伪法、模式变换和群体交流的科学认识方法，最终形成了多种有效的教学方法，如经验活动法、目的计划法、问题解决法、理论构建法、评价表达法等，使教学方法体系的基础更加完整和牢固，从而更有利于培养学生全方位的能力。语文活动教学方法的运用改变了传统课堂死气沉沉的局面，使课堂变得更加生动，更有利于调动学生的积极性，维护学生在课堂上的主体地位。在教学形式上，活动教学法可以是竞赛式的，通过分组的形式使各个小组之间形成竞争；可以是演讲式的，所有参与课程学习的学生就某一问题进行讨论，大家各抒己见，尽情表达自己的观点；可以是表演式的，比如课本本身就是某一剧作的片段，可以让学生进行角色分工，通过表演的形式将课程的内容呈现出来；可以是开放式的，教师带领学生到课文中出现的某个场景或者某个地点亲身感受那里的氛围，使学生能够切身体会到课文作者在描述那个场景时内心的思想活动。

3. 语文活动教学模式

语文活动教学模式是从学习语文课程的客观规律出发而形成的，具体按照以下流程进行：第一，由教师创设特定的情境；第二，教师引导学生发现存在的问题；第三，引导学生提出解决问题的方案；第四，由教师带领学生共同研究和解决问题。在解决问题的过程中，教师作为引导者而存在，活动的主体是学生；第五，问题解决之后，教师和学生共同交流心得体会，进一步提高自身的认识。

4. 总结方法

在高职大学语文活动教学中应当坚持“通过活动促进学生全面发展”的指导思想，以拓宽学生的视野，培养学生的优良品质、主体精神、创新意识与实践能力，从整体上提高其语文修养。从这一指导思想和目标出发，在高职大学语文教学中应用活动教学有利于探索出更加有效、更加符合学生成长规律的新思路，对于提高教学质量、实现教育目标等具有十分重要的意义。

第七章　“读研写演”生态情景式教学模式构建

从理论上分析，教学模式指的是指导教学思想和教学理论的基本教学结构以及基本教学程序，教学模式可以被看成是一种典型的结构体系，关注的是各个组成要素之间所呈现出来的科学关联性。“读研写演”是一种相当典型的新型教学模式，是对教学方式的创新和优化，可以让学生的主体性作用和教师的主导性作用得到深度融合，有益于教学效率和学习效率的提升，并且通过教师主体和学生主体之间的积极互动交流，让学生扮演主人翁的核心角色。

第一节　“读研写演”创新教学模式的基本内涵和特征

“读研写演”这一新型教学模式同中文学科体系的基本特点和属性高度契合。这种教学方法的引入和渗透，不仅能够让学生的专业知识更扎实，同时也能够让他们的思维更延伸。

一、“读研写演”创新教学模式的概念

“读研写演”是同文科特色和属性高度相关的一种新型的生态化教学模式，这种教学模式基于多视角的阅读方式以及多方位的探究活动，将学生摆在中心位置，为学生创设更加真实的学习场景和体验环境。可以说，这种教学方式将专业知识的教学和思想品质的提升进行了完美融合，关注的是学生和学习教育的不断攀升，以及整个学校和学科建设的高质量发展。

具体来说，情境式教学活动关注的是学生的基本动机和基本诉求，在将教学内容作为引导方向的基础之上进行教学情境的创设，不断提升学生的创新能力，激发学生的创造潜能。通过这种方式的引入和渗透，不仅能够帮助学生更好地发现问题和解决问题，同时也能够让学生实现知识的内化理解和消化吸收。

生态式教学是基于生态主义学观念的一种有机的教学理念，同时也是一种系统性的教学理念。这种教学理念能够让学生的主观能动性得到大大激发，也能够让学生的综合素养得到不断提升。

生态情境式教学方式所关注的一个基本要点就是进行良好互动的教学系统的构建，为学生创设一种更和谐以及更加富有情趣的教学环境。

二、“读研写演”创新教学模式的特征

第一，“读研写演”创新教学模式重视教学真实性和整体性。

“读研写演”创新教学模式应该贯穿于学生的整个学习活动的始终，而不是一种临时性或者短暂性的教学活动。读、研、写、演等四个基础环节的高度整合，将教师主体和学生主体紧密地联系在一起。每一个学科的教师都应该鼓励学生进行经典文学作品的阅读，给予学生观摩优秀电影的机会，这样才能更好地了解学生的兴趣和喜好，了解学生的特长和亮点，并以此为依据将学生划分为不同的小组，鼓励学生对经典的文学作品进行阅读、赏析和讨论，再经过加工和创造，让学生通过音乐剧或者话剧等方式对这些经典的作品进行输出。这也是借助新思想和新理念，对文章和影视作品进行评阅和保存的活动。

从教学过程来看，“读研写演”创新教学模式以“研”为中心点，以“读、写、演”为基本点，构成了“一个中心，三个基本点”相辅相成的统一整体；从教学内容的层面进行分析，无论是中国古代文学作品还是现代文学作品都包含其中，学生参与的积极性和主动性也会不断地攀升；从具体培养机制的层面进行分析，要严格按照学校教学目标的基本导向，构建良性竞争的比赛规则和竞赛机制。

借助于这些具体的情境的创设，能够让学生的学习兴趣大大提升，创造潜能得到进一步激发。众多的情境式教学只是单纯地在课堂当中进行引入和渗透，并没有在课外教学领域进行延伸和发散。而“读研写演”这种先进的教学方法则实

现了课堂内外的高度整合，让第一课堂和第二课堂呈现出有机互补的良好关系。这种方法能够更好地利用时间，提升学习效果。

第二，“读研写演”创新教学模式注重教学系统的动态互动性。

具体来说，教师主体和学生主体之间、学生主体和学生主体之间的动态互动性变得更为明显，拥有了更多思想碰撞和交流的机会。无论是文本的探讨活动、分析活动，还是剧本的改编活动、创造活动，都充满了创新性。学生必须在教师的引导之下，在相对有限的时间内呈现出最好的作品。这能够让学生变压力为动力，使其个人潜能得到有效的激发。只有将学生摆在核心与主体位置，才能够让学生的想象力不断驰骋，创造力进一步迸发。

第三，“读研写演”创新教学模式重视教学系统的可持续发展性。

美国著名学者格拉斯和布兰切特利用“生态学效度”评估了一种条件或情景下的实践结果是否能延伸到其他条件或情景的程度，即教学模式的可复制性和可延展性。“读研写演”这一教学模式的引入和渗透，关注的不仅仅是学生对于文本作品以及文本知识的理解，同时还要呈现出一个更加具体而且更加形象的文学作品。这也就意味着四个环节的高度连贯，可以让学生的创新能力不断提升，举一反三的能力日益优化。老舍的《茶馆》是比较适合进行情景剧表演的一部作品。表演过这部作品的学生往往会对老舍的创作有更清晰的认识，同时也会积极地借鉴老舍的创作方法，这对于学生自身阅历的丰富以及写作水平的提升是相当有利的。在实际学习活动当中，做过统筹的学生，当过导演的学生，其自身的组织能力和协调能力会不断提升，这对于他们个人前途的发展也是相当有利的。拥有了这些实践机会，学生不再是死读书、混日子，而是有更多的机会融入社会实践。除此之外，这种教学模式的引入和渗透，还能够让学生在文本的研究活动和阅读活动当中变得更为积极，并更为主动地去进行文本的再创造活动。

“读研写演”创新教学模式一旦形成建制，可以积极地培养高素质的人才、高组织能力的人才、高思想品质的人才，有利于教学改革目标的最终实现。

第二节 “读研写演”创新教学模式的建构

课堂教学活动的实施和推动，以及课堂教学目标的最终实现离不开教师的支撑和引导，教师要有计划地组织学生开展学习活动，学生也要表现出更积极、更主动的学习态度。这种教学模式将学生摆在主体位置。教师提前进行真实情境的创设，让课堂变得更灵动，让课堂活起来。无论是教师主体还是学生主体，无论是文本主体还是教材主体，都拥有了更多的生命力。要本着真实性以及互动性等基本原则，确保这种教学模式朝着更优化的方向发展和进步。

一、“读研写演”创新教学模式的建构原则

通过对现代心理学的研究结论进行分析整理可以看出，学习行为的生成实际上就是学生和教师不断互动、学生和文本不断互动的过程。当然，互动交流的过程是和课堂情景相互依存的。要将一个个学科的教学目标作为基本支撑，形成一个更加和谐以及更加开放的课堂氛围，尽可能地规避“放羊式”教学危机的出现，与此同时，还要给学生预留足够的探索空间，让他们有更充足的机会参与到交流活动和讨论活动中。这也就意味着“读研写演”创新教学模式的优化实施，还应该将学生兴趣的激发作为重点。具体来说，需要遵循如下四个基本原则。

第一，生态原则。

从内涵进行分析，所谓的生态实际上指的是呈现的教学模式是学生积极发挥自身主观能动性的结果，学生的学习状态是灵活的，学生是有自己的思想的，学生在学习上是主动的，并非盲目、呆板的。这种生态性不仅在某个具体的文本当中可以得到呈现，而且也能够在整个社会的发展中得到呈现。基于此，学生可以在文本阅读的过程当中更好地理解作品，更好地理解作者的情感，更多地积累生活实践知识。同时，学生所探究的典型材料是新颖的，是没有经过老师加工和处理的，这种一手性的资源能够大大地激发学生的探究欲望和探究热情。

对于文本来说，传统教学模式是一种单纯的概括活动和归纳分析活动。教学过程没有生机，缺乏活力，而且在教学活动实施的过程当中，也没有真正地关注

学生的基本诉求。从实际操作层面进行分析，只有确保文本原生态，没有经过加工处理，才能彰显其个性和色彩，才能呈现出其自身的社会意义和现实意义，才能赋予整个课堂更强大的生命力。这也就意味着，生态性建设的终极目标是要让教育回归本位，让学生积极地扮演一个创作者、探索者，进行文章内涵要义的分析，进行情感的体验。这一过程也是学生综合能力不断提升的过程。

杜威是美国著名的教育学家，他在研究中曾经提出了这样的观点和主张：要彻底地激发学生的思维，这一目标的实现需要有真实的情境作为辅助和支撑。“读研写演”教学模式的引入和实施要遵循生态性的基本原则，对那些没有经过加工处理的资料和文本情境进行全面的采集，除此之外，还要让学生根据自己的兴趣、喜好来进行文本的创作活动和加工活动，为学生积累更多的讨论素材。

第二，真实原则。

传统的教育模式是对书本知识的简单灌输和传递，学生基本都会采取死记硬背的方式进行文本内容的理解，导致学生的心理活动难以呈现，学习的效果也无法得到客观科学的评价。

课程教学论提出教学过程应当关注的重点和核心是真实的评价和正确的信息反馈。这种方式能够让教学的质量和效率不断提升。学生自身所表现出来的比较良好的学习状态和积极的心态之间存在一定关联性，而两个目标的实现都需要有一定的情境创设作为辅助和支撑。真实的教学评价恰恰提供了有力的保障和丰富的资源。借助于科学的评价，也能够更精准地了解学生的学习状态和学习效果。

后现代知识理论的观念指出，学生学习的过程实际上也是一个自主体验的过程。借助于生命的体验和生活的不断反省，学生获得的书本当中的资源和人生、生活当中的资源高度整合，其阅历更丰富，精神体验更充足。除此之外，让学生从内心深处感受到生命的力量和魅力，对于提升学生生命素养相当有利。真实原则的落地实施能够让学生在掌握基本的生活经验之后去进行书本知识的学习和积累，将书本知识和人生体验高度整合，让学生在真实的学习环境当中感受到更多的乐趣。

第三，联系原则。

所谓的联系原则指的是每一门学科都不是孤立存在的，任何一门学科都要和其他学科建立一定的关系。将不同学科进行高度整合，能够推动学生的综合发展。其他学科的建设和优化能够为本学科的发展提供一些参考借鉴，同时，本学科的知识也可以应用到其他学科领域。学生和学生之间要建立一定的关联性，避免隔阂和猜疑的出现。教学目标的确定和教学情景高度相关，应该从学生的视角出发，接受多学科的知识教育活动。这是延伸学生思维的一个关键手段。

具体来说，传统意义上的教学活动关注的是单个学科的单打独斗和单一学科知识的渗透，各个学科之间所呈现出来的关联性不强。教师更为关注的是某一学科知识的消化理解和内化吸收，学科的整合性相对较差，导致学生的思维过度简单，在学习过程中不会融会贯通。而“读研写演”创新教学模式可以教会学生从多个角度去解读文本，让学生更好地掌握不同的规律和技巧，从多元视角出发去进行问题的探索和分析。

第四，直观原则。

所谓的直观原则，实际上就是教学活动所呈现出来的内容一定都是形象鲜明、直白深刻的，要以学生比较容易接受的方式进行表达和呈现。举例来说，教师可以引入一些音乐、话剧作品，也可以引入一些图片、表格，等等。这样一来，学生能够看得懂，能够接受，而且也更愿意去看，更愿意主动去学。当学生的自身潜力得到全面激发的时候，学习的效果和研究的质量也会不断攀升。

传统的教学环节中，教师都是根据预先设定好的教学计划开展教学活动，按部就班地进行机械化的讲解活动。有些教师也会应用新媒体，但只是进行气氛的烘托，并没有让学生真正地爱上学习。

新课程标准明确提出要给予学生真正的学习体验和感知。为了实现这一目标，学生不仅要积极地应用大脑去思考，同时还要全身心地投入学习活动中，使各个感觉器官得到全面的激发。这也就意味着，“读研写演”这种创新型的教学模式是一种直观材料的呈现，其中包含的内容十分丰富，例如集体研讨活动、读书沙龙活动、剧本创作活动等等。一方面，通过真实情境的创设，让学生拥有一个更和谐的学习环境；另一方面，这种切身体验的教学模式也能够让学生更好地理解文本内容，更好地理解生命的意义。

第五，互动原则。

所谓互动原则是指，教学的过程是学生主体和教师主体不断沟通交流的过程，也是情境创设的过程。要采取有效的方法和手段，让学生主动地投入学习活动中，使其学习动机更旺盛，学习欲望更强烈。

传统的教学课堂中，教师扮演着主导性的角色，“一言堂”的教学模式很难激发学生的学习兴趣和学习欲望。“填鸭式”的教学方式导致学生学习过于被动，教师不去考量学生是否能够听懂，以及学生掌握了多少知识，只是为了完成教学任务而实施教学活动。学生和教师之间的对话沟通较少，教师处于孤立讲授的状态，学生处于孤立学习的状态。

高校培养计划指出，高校教育教学活动应该彻底变革，改变单纯的知识传授的不良教学模式，给予学生更多的交流空间和探索空间，给予学生更多的可支配的时间，让学生在协同合作之下提升自身的个体能力。高校教学活动创新发展的过程也是学生之间不断进行互动交流的过程。

教育学家明确提出良好教育模式的引入和渗透，对于学生的生命成长和个人心智的成长都具有十分重要的作用。

互动原则的引入和实施，能够让学生之间以及学生和教师之间进行充分的合作交流，从而让思维得到碰撞，让学生的学习兴趣日益高涨，让教师的教学责任感不断提升。

“读研写演”创新教学模式就是利用互动原则，使学生和学生之间、学生和教师之间能够进行对话交流，共同探寻生命的意义。

二、“读研写演”创新教学模式各要素的培养

以教学的培养方案作为基本支撑，提高学生的读、研、写、演四个领域的关键能力，不仅要关注学生思维情感的培养，而且还要关注学生语言表达能力的培养。从形式层面进行分析，演是一种行为，读、研和写实际上是语言和思想，行为是语言和思想的一种动态发展模式。从认知层面进行分析，研和读是理解文本和分析文本的过程，演和写是思想表达的过程，这四个要素相互关联、协同发展。

第一，读的能力。

从本质进行分析，阅读的过程是一个人的认知能力不断发展的过程，当学生和文本出现一些关联之后，关键的文本信息会输入到学生的大脑当中，大脑会对这些信息进行加工处理，最终对关键的信息进行输出。阅读能力包含的要素相当

丰富，例如对于基本字词内涵的理解，对于文本主题的把握，对于故事情节发展的推理，对于文本的鉴赏，等等。具体而言，可以将阅读划分为精读和泛读两个不同的类型。

教学活动实际上是教师主体和学生主体积极交流互动的过程。当今世界范围内，学科众多，相关书籍以及研究文献资料也十分丰富，教师有必要帮助学生选择那些比较具有代表性与典型性的泛读书籍和精读书籍，积极地进行阅读方式的创新和优化。举例来说，可以鼓励学生多去欣赏一些摄影资料，多阅读报刊，这些方法和手段对于学生文学素养的提升都是相当有利的。学生在阅读的过程中还可以对具体的内容进行探索，开拓自己的眼界，延伸自己的思维。要尽可能地选择好的读物和文本，帮助学生养成良好的阅读习惯。阅读的方式丰富多彩，形式多样的音乐和图片等可以为学生创造真实的情境。教师也可以专门去选择一些趣味性比较强的寓言故事以及民风民俗故事，让学生的阅读内驱力得到全面的激发。“读研写演”创新教学模式，需要各个学科的教师以文本形式作为基础支撑，在古典文学作品以及现当代文学作品中选择比较具有典型性的篇章让学生去阅读。当然学生也可以根据自己的兴趣喜好和基本能力，选择一些泛读和精读的内容。教师可以鼓励学生养成撰写读书笔记的习惯，每读一篇文章，学生就可以撰写一篇读书笔记，教师可以帮助其修改。

广泛阅读是学生阅读能力日益攀升的一个关键手段。正如唐代诗人杜甫所言：“读书破万卷，下笔如有神。”可以说，阅读的素材越丰富，越容易形成语感，越容易拓展知识面，越能够实现思维的发散。多读书，有百利而无一害。

第二，研的能力。

我国的教育领域中存在这样一个共性问题，有些学生学习十分努力，十分刻苦，考试成绩也十分优异，但他们的实践操作能力却很差，缺乏创新精神。我们每个人在现实生活中都会积累一定的经验，对于任何一件事物都有自己的想法和主张。这就意味着，教师在教学过程当中应该积极地引入生活化的教学手段，从生活当中进行材料和资源的采集与整理，鼓励学生从日常生活维度入手寻求阅读的材料，寻找学习的资料，让学生的能力得到进一步的发展，求知欲望不断增强。一方面，教师应该成为学生身边的合作者和引路人，另一方面，教师也要不断地进行自我思想意识与认知的更新和优化，摆脱应试教育的局限和束缚。

第三，写的能力。

写的能力是每一名学生都应该具备的基础能力。写包含书写和写作两个关键的内容。书写主要是对语言文字的规范化的写作活动，可以分为硬笔写作和毛笔写作两个不同的类型。书写的质量好坏不仅会对思想的形成产生深刻的影响，同时也会直接影响一个人的情感表达。如果书写出来的内容十分潦草，错字连篇，会让人心生厌烦。相反，如果书写的内容十分整齐规范，就会给受众一种良好的阅读体验，其呈现出来的阅读效果也会更加明显。写作的能力包含的内容相当丰富，例如要确保字迹十分清晰、工整，词语的运用十分恰当，整个语句非常连贯。

具体来说，写作能力的培养主要可以从如下三个层面入手。第一，要让学生的课余生活不断丰富，将学生的生活和学习高度融合。在此基础上，教师可以选择一些有价值和有意义的主题，让学生进行撰写活动。第二，教师应该鼓励学生养成撰写读书笔记的良好习惯。读书笔记的撰写可以帮助学生更精准地理解文本的内容，不断提升学生的审美情趣。第三，教师应该和学生在网络上形成一种互动链条。通过这种方式，将教师和学生紧密相连，实现有效互动。第四，开展学生小组之间的相互点评活动。相互点评也是一种合作式学习的表现，不同的小组对习作文章进行相互评论，提出意见交给教师修改，积极地取长补短。

第四，演的能力。

演是有形的语言，是一种内心情感的表达和呈现。研是演的基础，二者呈现出十分密切的关联性。演的能力主要包含肢体动作的设计、情感的呈现、团队的协作等等。话剧是提高学生表演能力最关键的方法和手段。通过话剧表演，学生的参与意识会更为强烈，能够真正地走进文本。

通过上面的分析可以十分明晰地看出，读、研、写、演四个环节是相互结合、相互整合的。读和研和高度结合是学生团队合作的表现，是对文本的加工和改造过程；研和写的结合是学生自己对文本进行阅读理解和加工完善的过程，是形成文稿的过程；写和演的结合是将学生写出的材料形成剧本在舞台上加以展示的过程。总而言之，四个要素高度相关。只有不断地进行实战演练，才能全面地提升学生的综合能力。

三、“读研写演”创新教学模式的关键——“研”

“善学者，师逸而功倍，不善学者，师勤而功半。”一名学生如果不善于学习，不坚持学习，不去积极主动地查找，那么他会逐渐忘记之前所学到的知识，导致自身学习理解能力不断降低，表达力越来越差，逐渐变成学困生。教师在教学课程中应该关注学生自主研究能力以及自主探究能力的培养和优化，让学生获得更多的独立思考的空间，形成主动复习和主动查阅的学习习惯。这也就意味着，对学生自主探究能力的培养具有十分重要的现实意义。

学生是学习的主人翁，也是学习的主宰者。学习的过程是学生的各个感官被调动的过程，也是感情被激发的过程。学生真正地投入文本学习活动当中，去理解文本的要义，以及文本当中所蕴含的思想。实现“研”的途径主要包括：

第一，教师要注重研究机会的创造，给予学生体验研究成果的机会。

教师要关注学生研究能力的不断培养和优化。这一目标的实现，需要教师树立差异化教学以及因材施教的基本理念，根据学生的不同情况和不同素养，提供不同的探究机会和探究空间。当然，具体的教学活动仍旧需要以文本的研究作为基础。可以在文本当中进行关键信息资料的挖掘和整合，让学生的主体意识得到全面激发，探索空间得到进一步的延伸。只有这样，学生才能真正成为学习的主人，积极发挥自身的主观能动性，获得更多的表达机会。也只有这样，学生的学习成就感才会进一步的增强。

第二，教师要进行具体情境的创设，让学生的学习内驱力得到全面激发。

对于学生来说，只有进行有效情境的创设，才能够让他们进入一种更本真的状态以及文本学习的状态。在学生的潜能得到全面的激发以后，他们才会从被动的“要我学”的状态朝着主动的“我要学”的状态转化。举例来说，在新知识的学习过程当中，教师可以选择实际生活中和学习内容相关联的素材，通过形象化的文本呈现，让学生的好奇心得到满足。在相对静态和封闭的教学过程当中，如果能够达成动态、开放的学习效果，必然能够为学习质量和学习效率的提升奠定坚实的基础。如此一来，也会形成一种情景，学生更愿意在这种情景当中进行自主的探索和研究。

第三，教师要注重学法的引导，发挥教师的示范作用。

具体来说，在学生自身研究能力不断提升的过程当中，教师的示范作用和榜样带动作用相当关键。教师的示范可以对学生产生一种心理暗示，教师在教学过程中引入示范的元素，通过肢体语言等多种方式的引导，鼓励学生进行大胆的创新，有利于学生眼界的拓展和思维的发散。而且教师还要善于观察，一旦发现学生在某些层面表现出了十分强烈的兴趣，就应该鼓励学生积极地进行探索，更好地完成学习活动。

在新课程改革的背景之下，培养学生的探究能力和创新能力不应该成为一句空话，教师需要提升认识，不断地进行探索和研究。只有引起教师的关注，才能够实现预期的良好效果。可以说，新课程标准为教学改革提供了理论支撑和职业方向。在教育理念日新月异的背景之下，教师也应该主动冲破旧思想的局限和束缚，将更多的精力和心血投入教学活动的优化过程当中，为学生综合思维的提升以及创新能力的提高贡献出更多的光和热。

四、教学评价

在传统教学观念的影响之下，学校、教师将学生的成绩提升至战略高度。任何一种教学活动都是以书本当中的知识作为基本指引，学生的学习目标也是十分简单、十分单一的，即在考试当中取得好成绩，有效地应对考试。教育体制的不断改革更加凸显了以人为本的思想理念，传统教学模式的短板和困境得到了变革和颠覆，在教学过程当中更加关注学生潜能的激发，以及主观能动性的发展和优化。与此同时，教学评价的内容也变得更加丰富和多元。其中，学生了解和掌握基础知识的情况是评价的关键内容。除此之外，教师还会对学生获得了什么样的锻炼机会和什么能力的提升等关键内容进行综合的评价和评判。

新型教学评价的指导思想是“以学论教”。其中的“学”指的是学生所表现出来的学习状态，即学生在学习过程中是否积极、是否真正在学习、是否真正的学会了。而其中所提到的“教”则指的是学生所表现出来的实际状态和思维活跃程度。只有将“读研写演”四个要素进行高度整合，才能够真正地实现预期的课堂效果。具体来说，教学评析的内容要素十分丰富，一是教学气氛是否热烈，学生的思维是否活跃。这一点主要是对学生的投入情况和思考情况进行的评价与分析；二是学生的受益面和知识面是否得到了拓展。这一点主要是对教师因材施教的情况以及差异化教学的情况进行的评价。

在教育体制改革的目标要求当中，教学评价是最核心的内容。教学评价的多样性特征和目的性特征十分明显，通过教学评价，教师自身的潜能也能够得到进一步激发。对于那些缺乏工作经验的新教师来说，他们应该在实战教学当中积累更多的经验，和学生建立和谐的关系，走入学生心灵深处去指导他们、教育他们，使他们获得更好的成绩。

第三节 “读研写演”创新教学模式反思

“读研写演”这一全新的教学模式是将广大学生作为核心主体，从而形成的一种高度互动以及循环发展的积极的教学模式。在长期的教学发展过程当中，很多教师对于课本教材的依赖程度比较高。课堂上，教师是知识的灌输者，学生是知识的被动接受者，基本没有自主交流和自主探究的机会，导致其学习热情不断降低，好问好动的天性被扼杀。即便是那些学习成绩比较理想的学生，也成了只会读书的书呆子。社会经济的不断发展和进步推动了教育体制的日益改革和优化，对于复合型人才的需求总量在不断攀升。现代化教育改革的基本方向是关注实践型和技术型人才以及灵活变通型人才的培养。尽管“读研写演”教学模式的完善程度并不是很高，但是随着社会的日益发展以及教育改革力度的不断加大，传统的“填鸭式”的教学模式必然会得到变革和颠覆，为学生的长久性发展创设一个良好的环境，也为“读研写演”教学方法的优化创新搭建起坚实的平台。

一、教师观念的更新

在实际的教学活动当中，教师是主导者，也是调控者，教师所表现出来的思维观念和学生的思想塑造结果之间存在着直接关联性。同时，教师的个人观念和学生正确价值理念的形成之间也存在着密切关联。教师要积极地转变自己的思维理念，本着与时俱进的态度吸纳先进性的教学思维，其中，“读研写演”教学观念的树立是十分关键的。教师要发挥榜样带动作用，从自身做起，引导并鼓励学生主动地进行阅读，积极地进行探索，通过不断的积累和对话交流，建立起教师和学生之间更为紧密的关系，让学生能够以相对平和的心情投入学习活动当中，为后续各项学习活动的高质量发展奠定坚实的基础。具体来说，教师观念的更新可以从如下几个层面采取举措。

第一，教师要树立“生命化”的课程观。

课程教育体系的设计是教育教学活动推动实施的中心要点，它将学生主体和教师主体进行了高度串联和高度整合，教师和学生的任何一项活动都应该以具体课程的实施作为方向指引。具体的课程体系也明确了教学的未来发展方向，确定了教学的基本目标。教师是课程的教学者和引导者，要对各种教学资源进行挖掘和整合，并且大胆地探索分析，实现课程结构的优化创新，为学生的个人成长创设良好的空间。

“读研写演”式课程观以经典文学作品的阅读为基础，进行深度的探索和分析活动，教师和学生在交流分析的基础之上，形成自身的思维和理念，并最终借助文字来呈现，或者也可以进行一些改编和再设计，借助舞台剧来呈现。在这样的教学环境之下，学生处于相对主动的学习地位，他们会更积极、更愿意探索其中的关键要素。通过积极的探索沟通以及互动交流，学生能够在学习的过程当中获得更多的满足感和成就感。

第二，教师要树立积极互动性的教学观。

在现代教育教学理念的影响之下，教师已经不再是传统的权威者和主导者，而是成为学生身边的导师，以及学生学习活动的合作者和引导者。第一，教师作为引导者，应该进行一些情景的创设，通过开放性和直观性教学模式的引入，将重点问题和难点内容进行细化分解，并且鼓励学生发挥自己的想象力，对知识内容进行深刻的体验和感知。第二，教师作为组织者，应该提前对教学内容进行精心的设计。教师要成为整个课堂的导演。第三，教师作为课堂活动的参与者，应该尊重学生，营造一种更民主、更平等的教学氛围。教师应该放低自己的姿态，不断地转变自身的角色，和学生站在一起，共同探究知识的规律和要义。

第三，教师要建立终身学习的学习观。

随着社会经济的不断发展和进步，人们的思想观念也得到了一定的变革，终身学习已经成为一个关键的思想观念。每一名教师都应该树立终身学习的基本理念，养成学习习惯和读书习惯，不断地提升自己的精神修养。教师是学生学习的榜样、标杆，教师的一言一行会对学生产生极为深刻的影响。这也就意味着，教师主体终身学习观念的树立十分重要。第一，教师应该养成良好的学习习惯和生活习惯，要敢于研究，敢于分析，要能写会演。第二，教师应该始终保持一颗更纯洁、更朴实的心灵，积极地融入学生当中。教书育人是一项神圣的职业，而并非只是赚钱的工具。第三，很多教师认为读书无用，走上工作岗位之后，他们也就逐渐放弃了读书的习惯，只是将教师这一职业当成是自己谋生的手段。实际上这种想法是完全错误的，会导致教师教育能力不断弱化，甚至会对学生产生一些负面的影响。

第四，教师要建立主动的研究观。

在读、研、写、演四个环节中，“研”占据着最核心的位置。人类社会不断向前发展的过程其实就是其大胆探索、研究积极分析的过程。与此同时，任何一个优秀作品的诞生都经过了作者心灵的涅槃，是作者兢兢业业、呕心沥血的研究成果。因此，教师主体应该积极地参与到教育教学活动研究过程当中去，对文本进行研究和分析，不断地实现自身眼界和经验的拓展与提升。学科丰富，资源广泛，但是一个人所拥有的知识总量是有限的。教师只有不断地学习，不断地研究和探索，不断地总结反思，不断地整理归纳，才能让自己积累的经验更丰富，才能够形成独到的认知和见解，才能够让自身的气质更独特。

二、学生学习观念的转变

通过对当前高职院校学生的学习观念进行分析可以看出，将近八成的学生在学习过程当中没有融入自己的思考和见解，他们对于教师讲解的依赖性更高，认为课本当中的内容和生活当中的内容没有关联性。如何转变学生的学习态度和学习理念是教师应该关注的重点问题。

第一，教师要积极地变革过去机械化的不良教学模式，将学生作为教学的核心。教育教学活动的实施应该将学生摆在主体位置，先学后教、学了再教也是教师应该遵循的一个基本原则。与此同时，教师还应该为学生创设一个相对自由、相对宽松的课堂学习氛围，给学生一个更宽松的成长空间。当然，教师对于教材还应该有自己个性化的处理方式，在充分尊重学生的基础之上进行理解和解读。

第二，教师要不断地提升自身的研究能力和探索能力。教师带领学生漫游书海，发挥指导作用，给学生创造丰富多彩的活动形式。举例来说，教师可以设计一些主题演讲比赛、诗歌朗读比赛、小组互相评价活动等。通过这种活动，学生可以充分感受到自己的重要性、自身的学习兴趣以及责任感得到了进一步的提升。在这种潜移默化的影响和刺激之下，学生会形成一种良好的学习习惯，这种学习习惯又会推动着学生研究能力的不断提升。

第三，教师应该在真实情境的创设上做出更多的努力和探索。一方面，教师要给学生更多参与社会实践的机会，让学生了解社会的竞争态势，体验人生发展道路当中的就业难度。另一方面，可以让学生真正地去感受那些优秀学生的发展，通过对比和分析，找到自己的短板和不足，将压力转化成动力，端正自己的学习态度，养成良好的学习习惯，提升学习的自觉性，提高学习的质量和效率。

总之，“读研写演”创新教学模式，要将学生摆在中心位置，不断变革学生的学习观念，提升学生学习的积极性，帮助学生找到未来人生的发展方向，从而进一步彰显教育的价值和功效。

第八章　职业核心能力培养视阈下高职大学语文教育的课程优化设置

课程是教育的一种呈现形式，影响课程的因素非常复杂，具体包括教师、学生、教学内容及教学方法等。这些因素对于课程的有效性以及完整性会产生非常直接的影响，且各因素之间具有非常明显的内在联动性。高职大学语文课程需要追求一种回归自然的课堂环境，通过调动学生主观能动性，保证课堂的和谐，并采用交互的方式提升课堂的整体教学效果，保证教育发展的可持续性，为学生的进步和学习提供更加完善的平台。教育工作者也需要借此机会展现自己的教学能力，保证整个教学过程的有序性。

创设理想化的课堂环境，可以保证课堂内容的互动性，构建平等和谐的教育氛围，这种环境本质上属于一种微观生态。通过对语文良性生态因子的深入探索，对语文课堂的失衡问题以及效果问题进行深入分析，从课程定位、教师主体以及教学关系等角度切入，研究影响课堂生态的关键因素。

第一节　高职大学语文教育的课程定位

结合理论迷失的问题展开深入分析，可以将“生态化”的课程体系融入高职大学语文的教学过程中，“生态化”教学理念能够保证课堂教学的有序性和整体质量。

一、确立多维目标

教师要建立更加多元化的目标，为课堂的建设和优化提供充足的动力。课堂生态是一个多元的概念，其发展过程本质上是一个相对全面的过程，需要将人文素养和语文表达能力进行充分整合。“大学语文课堂具有非常明显的综合性特征，在对学生进行培养的过程中，除了需要将知识体系融入其中，还需要将德育、美育和体育充分结合，让学生在学习过程中，能够取得更加可观的发展和进步。”从这个角度来看，高职大学语文课程本质上属于素质教育，应该通过多维综合性的教学方式来保证教学效果，将语言修养以及文学修养等因素充分融入其中。

在教学过程中，教师应该以培养健全人格为主要目标，从学生的自我发展以及长期进步的角度出发，建立更加完善的价值体系。与此同时，教师还需要唤醒学生对自我的关注，培养学生的观察能力和情感共鸣能力，培养学生的独立思维，让学生在学习的过程中，能够以更加自觉主动的态度吸收知识，用理性的态度促进自我的发展。

这些目标在本质上存在一定的共性与联系，在教学过程中，每个目标的实现都不是孤立的，需要用联动的眼光来看待。只有将这些目标充分融入教学过程中，才能结合不同学生的性格特点以及主观因素，选择更加具体的教学手段和方式。

二、重视生命价值

随着经济的高速发展，社会生活以及社会环境开始受到功利主义的影响，社会主流思想也受到了一定的冲击。很多大学生的精神相对脆弱，无法经受社会的打击和考验，难以展现出应有的承受能力和抵抗力，用消极的态度面对生活中的挫折。根据相关数据统计，我国的大学生自杀概率要比普通人略高一些，大学生群体的自杀概率是其他年龄群体的 2～4 倍左右。《当代大学生生命意识状况调查报告》明确指出，绝大多数大学生自杀的主要原因是“生活压力大”（27.2％），还包括“看不到前途”（26.6％）、“学业压力大”（20.6％）、“失恋”（15.4％）、“其他”（10.2％）等等。除此之外，校园暴力事件也是影响大学生心理状态的主要因素，马加爵、黄洋等校园暴力事件，足以证明当下大学生群体面临的校园环境复杂，很多大学生的心理需求得不到应有的重视。

在开展高职大学语文教学的过程中，教师除了需要注重文学知识的传授以外，还需要将个人的感情以及个人的长期发展融入其中，结合大学生的心理特征，制定更加具有针对性的教学方式，调动大学生的主观能动性和自主学习能力，通过潜移默化的方式影响大学生的心理和情感，帮助大学生树立正确的人生观念。

在语文课程定位方面，教师需要将生命价值观以及敬畏生命的相关内容融入其中，采用更加直观的教学方式来保证教学效果，将尊严以及生命的价值充分整合，让学生能够认识到生命的重要意义，用更加严谨的态度对待生命，展现出对生命的尊重和对人生价值的深刻理解。教育工作者要用更加积极的态度引导大学生走向正确的人生道路。

三、融合多元文化

对于高职大学语文课程来说，微观生态环境往往具有一定的开放性，这种开放性决定了高职大学语文课程需要与其他领域充分融合。

语文学科本质上是学习的工具。作为语言，在教学的过程中应该将表达和书写等载体充分融入其中。大学生应该建立终身学习的目标，不可以半途而废，更不可以用消极的态度对待语文课程的教学。与此同时，高职大学语文课程承载着大量的传统文化和传统价值，需要以更加积极的态度来对待。

随着历史文化的不断发展和进步，语文已经开始与其他学科深度融合，包括史学、哲学以及伦理学等等，这些学科的内容是基于语文学科来传递和发展的。从这个角度来看，语文学科融入了多种文化和学科的深刻内涵。大学生在学习过程中也需要注重文化的交融和整合，用更加积极的态度感受语文课程中的文化内涵。

高职大学语文是通才教育的重要组成部分，特别是随着竞争关系的不断激化，跨学科人才对于社会的贡献越来越突出，社会对于跨学科人才的需求量也在不断增加。可以肯定的是，通才教育是未来的主流教育方向，也是教育体系中必不可缺的重要组成部分。从教育的具体性质以及功能角度来看，高职大学语文需要融入其他学科的核心内涵，以保证教学效果。

四、凸显民族精神

王坤庆在《精神与教育》中明确提出："在人类的教育体系中高等教育应该融入更多的精神品质，具体包括自主精神、审美精神以及信仰精神等等，这些精神对于个人的发展有着非常重要的意义，但是其本身不能单纯靠个人的因素所决定，要受到外部环境的影响和制约。在经济社会日益发展的今天，高等教育的内涵越来越丰富，人类对于高等教育的需求也在不断增加。"对于任何一个民族来说，精神生活的痕迹都需要通过高等教育来体现。

现如今，经济全球化的背景已经逐步形成，全球各国对于高质量人才的重视程度在不断增加。与此同时，随着经济的交流和碰撞，文化的交融趋势也越来越明显，传统的民族观念受到了一定的影响，而西方价值观念对于我国价值体系的影响也是客观存在的问题，如果这种问题难以有效解决，大学生群体的发展和进步会受到非常显著的负面影响。

由此可见，高职大学语文课程面临着较为严峻的危机和挑战，其背后的核心逻辑在于文化和精神的危机。从这个角度来看，语文作为母语教育的重要体现形式，应该将民族文化和民族精神融入其中，让更多学习者承担起应有的民族责任。

在学习的过程中，学生需要充分理解民族优秀文化，注重文学的表现形式以及艺术感染力，建立完善的民族认同感和民族自豪感，通过学习语文知识，了解中华民族的发展和传承。

第二节 高职大学语文教育的课程设置

2007 年，我国教育部高等教育司发布的关于《高等学校大学语文教学改革研讨会纪要》指出，大学期间语文课程的教学应该属于必修课范畴，进一步规范了高等院校语文教学的相关内容和课程，认为其需要在更高层面进行调整，从而达到学生必备的素养水平。在此会议纪要的指导下，我国教育体制迎来了改革，改变了教学结构不合理的情况，同时加强了中小学语文教学内容与高等院校语文课程的衔接，科学合理地制定了大学语文基础课程教学要求。

一、增加课时量，保障基础地位

2016 年夏天，中国高等教育学会会长瞿振元所发表的文章《用新理念发展高等教育》被人民日报转载，这篇文章中写道：要遵循现阶段的新时代发展理念，以此为基本要求进行高等教育的发展；要紧随教育发展潮流，因势利导，主动求变；要以协调发展为主要教育改革发展理念，将绿色理念也深植教育改革之中，遵循自然的发展规律，促进人与社会和谐稳定发展；将开放理念融入教育发展新格局，让开放共享成为新时代背景下教育改革发展的核心价值观。高职院校和教师通过多种多样的价值理念和质量观念，公平合理地面对每一位学生，为其提供良好的教学环境，在促进教育体制改革的同时提升教育的质量，保证学生健康成长。

东南大学教授王步高在其发表的文章《大学语文》中提到，要想提高学生的素质教育水平，高等院校应科学合理分配课程。他认为这一培养过程可以分为三个阶段：理论发展阶段、专业讲授阶段以及综合素养提升阶段。三个阶段稳步推进才能真正培养出对社会有用的综合型人才。大学语文也应像高数以及其他必学科目一样成为大学的必修课程。

但目前来看，高职院校在课程的设置上，比较注重实操性，同时也存在盲目、急于求成的现象。在这种观念的影响下，各种专业的设置比较集中，学生也都过分关注专业对自己今后的生活工作有无实际意义。语文这样的基础性学科的教学越来越边缘化，不符合教育教学规律，同时也不利于学生对我国基础语言进行深入学习。

查看各个高职院校的教学安排可知，大部分学校过分注重西方内容的教学，不论是工科还是社会类学科，又或者是人文学科的教学都离不开西方的理论、观点、语言甚至文化。除去专门学习中文的相关专业以外，西方的教学理念占据专业课程的百分之八十以上，学生的课外学习中有关西方文化的内容甚至占百分之九十之多。即使是纯文学类专业，中国文化的相关占比也很少，近三分之二的课程是西方语言和西方文化。在大学校园中很少听见有人朗诵诗歌，多为国外名著或相关书籍。

高职院校应该转变这种观念，积极引导学生认识中国传统文化的重要性，重视相关课程的设置，保证语文这门基础学科在教育学习中的占比，国家相关部门也应该出台指导意见，要求各高校设置语文教学内容，并把语文归纳到基础必修学科之中，让各专业的学生都进行语文课程的学习。

此外，还要提高语文课程的教学比例，结合课程的特点合理安排课时。以大一学生为例，每学期都要有语文课程的学习，在每星期的教学中安排四节语文课程，一学期所开设的语文教学应不少于72节。

要注重理论与实践相结合，在开设理论课程的同时多多探索实践课程，让语文教学从生活中来，到生活中去。可以安排一些有关社会生活的问题进行思考，或者布置相关写作任务，也可以结合地域文化有针对性地进行文化底蕴的交流，多安排实践活动来了解地方文化特色。

二、注重衔接性，凸显母语特性

纵向观察语文的教育教学工作，语文教学可分为三个阶段，分别是学前、学校以及课后教学。学前教育阶段主要由家长进行指导；学校阶段则有老师进行教学，包括从小学基础教育到高等院校的强化教育；课后阶段主要是学生自身阅读书籍或者参与社会实践等。这三阶段表明，语文的教学是循序渐进的过程，从出生到生命终止都在不断地探讨和学习。

高职院校的大学语文教学，很好地衔接了中学时期的学习，同时也为学生终生学习打下理论基础。因此，在课程的设置上应该以低年级的学生为主，进行一个良好的衔接，提高其高等教育水平。高职院校应该本着培养综合型人才的目标，将语文教学课程设置到各个专业之中，以便更好地提升学生的文化水平和语言能力。

要注重高职大学语文课程与中小学语文教学内容的互通性，语文教学内容的选取不能脱离基础轨道，同时又要注意不能将语文教学内容演变成中小学教育的延续，而是要注重理论与实践的结合，培养学生自主兴趣和学习能力，为今后的生活工作提供有力保障。

有的学校在语文课程的教材和课程设置方面进行了差异化的设计，有些高职大学语文课程脱离了语文教学内容的基础，变成了文化课程。在高职院校的语文教学中，不能完全背离语言的学习，但也不应该专门去纠结语法等相关课程的讲解，而是应多注重一些实际问题，将教学内容与实际工作需要相匹配。同时，语文虽然涵盖文学、历史等相关内容，但不能以研究古文学等内容为主，而是应该通过赏析和理解，提升学生的综合素质和文学素养，帮助学生建立正确价值观和审美情趣。

三、考虑差异性，区别设置课程

语文教育的功能和性质与大学生的专业、地域、层次相关，这些内容不同，则功能和性质也存在差异性。学生的接受能力受到其基础的影响，安排课程时要考虑到这种差异性。

一是教学目标的差异性。理科学生学习的重点是运用语言文字，文科学生学习的重点是写作文学作品。前者强调语言能力，后者偏重人文素养。让高职院校统一教学大纲，显然不符合实际。在制定教学文件时，应该根据学校的类型和学生的专业，制定出符合需求的纲领性文件。制定的教学方法应该符合学生特色，这样，学校制作的人才培养方案才更加贴合实际。

二是教学内容的差异性。在制定教学内容时，应该考虑学生的语言水平，若内容较为复杂，会让学生感到枯燥无聊。不论是选择教材还是制定教学内容，都应该考虑学生的特点，进行差异化教学。由此可知，教材不能进行全国统一，应该结合不同学校、不同专业的特点有针对性地制定，这样既可以提升学生的语文素养，也不会让学生感到吃力。

目前来看，可以根据专业分类，结合当地特色，让语文教学融入学生的日常生活中。举例来说，当学校认为应该在学生的课表中增加民俗历史内容时，教师就应该系统地了解相关知识，根据上课的特点，找到学生感兴趣的部分，将其融入课本教学中，让语文教学更加具有针对性，提升学生的审美。

在同一所高职院校中，也无法保证语文基础的统一性。若学校的资金力量雄厚，可以开展统一的语文测试，根据学生的水平分班，并根据班级的水平制定不同的课程，教师及时地调整教学内容，确保教授的内容符合学生水平，提升学生学习语文的兴趣。

高职院校中的文科专业学生，语文基础扎实，除了现有的高职大学语文课程之外，学校还应为学生提供更多选择，满足学生更高层次的需求。因为每个学生的兴趣爱好不同，选择的文学类型也不相同，所以学校应该为学生提供多元化的作品，如散文欣赏与写作、古代文学等。学生阅读自己感兴趣的读物，会增加学习语文的兴趣，从而达到学校的目的。高职院校开设的课程，应以深化高职大学语文教学为目的，满足学生对于母语教育的需求。

四、激活创造力，稳定教师队伍

就目前来看，很多高职院校没有专业的教师队伍教授高职大学语文课程。这种情况的出现受到多种因素的影响，其中最主要的是课程管理者的理念，其次是教师的价值观。笔者为了保证调查结果，对多名高职大学语文老师进行访谈，通过分析访谈结果发现，高职院校里有基础教学机构的是外语和计算机，但语文没有。高职大学语文教师的管理多由中文系以及文学院负责，没有开辟专门的管理部门。正因如此，多数语文教师的晋升之路显得尤为坎坷。想要从事语文教学的教师无法评得高级职称，有高级职称的教师不愿从事文学教育工作。无法实现自身价值，内心很难产生认同感，多数教师不愿意主动钻研课程。笔者也对学生进行了问卷调查，结果显示，学生最希望专职老师来教授高职大学语文课程。

综上所述，在设置高职大学语文课程时，应该明确教师队伍的地位，为教师团队提供教研机构，保证其待遇与其他教师相同，解决教师队伍素质不高的问题。若学校中已存在教学机构，则应该为高职大学语文教师提供更加优质的教学环境，让教师队伍焕发生机与活力。对那些没有提供专门教研机构的学校，管理者应该重视高职大学语文教育的重要性，逐步改善现有问题。

在高职院校开设的课程中，大学语文是基础课，是每个学生都应该学习与掌握的。目前，大学专业呈现多元化趋势，所以学校在设置课程时应该结合专业特点，考虑学生需求，不断完善高职大学语文课程。

第九章　职业核心能力培养视阈下高职大学语文教育的教学内容优化

第一节　学生口语表达能力

在高职院校中，大学语文属于人文课程。随着教育部门越来越重视语文学科，学校也在不断调整课程设置，为高职大学语文在校园的流行奠定基础。高职大学语文不仅能够培养学生的语言能力，同时也可以提升学生的综合素质。语文教师在教授课程时，要将重点放在两个方面：传授语文知识点，培养学生的表达能力。当今社会中，表达能力越强的人，越容易受到他人的关注，社会各界愈发重视个体的语言表达能力，所以相应地出现了许多演讲辅导机构。语言表达能力属于生存技能，个体的语言表达能力代表着其综合实力。因此，高职院校在开设语文课程时，应该设置好重点与难点，目前来看，培养学生的语言表达能力是该课程的重难点。语言表达能力分为两个部分，一是口语表达，二是写作。

一、高职大学语文教学中学生语言表达存在的问题

（一）普通话使用不标准

中国有多个省份，每个地区都有其独特的方言。学校在招生时，重点招收的是本地学生，所以在学校里经常能听见学生说方言。以湖南省为例，其地方语言特色较为明显。学生习惯用方言交流，虽然并不难懂，但如果长时间使用方言，

学生的普通话水平会下降。通过调查发现，普通话不标准是阻碍高职大学语文发展的重要原因。

（二）网络语言的过度使用

目前，互联网已经融入人们的日常生活，人们经常使用网络语言进行自我表达。就其本质来看，网络语言是一种符号，多由中文、英文、数字、表情等组合而成。虽然网络语言的传播范围较广，人们在日常生活中使用得较多，但该语言的随意性较强。调查发现，多数大学生甚至会在课堂上使用网络语言，影响课堂效果。

（三）表达欲望下降

部分学生进入大学之后，不愿意回答教师问题，也不愿意表达自己。寒窗苦读十年，学生进入大学后感到身心放松，主观上不想回答问题。当自己脑海中有问题时，很多学生也因表达不准确，最终放弃表达。教师在设计高职大学语文的教学内容时，以传授理论知识为主，整体节奏较快，学生无法在有限的时间内完成思考。

（四）现代设备“入侵”课堂，代替手写

目前大学课堂的现状是：教师利用多媒体设备上课，很少使用黑板板书，学生用手机拍摄课程内容，甚至有些学生上课不带笔和本子。笔者选择的研究对象是湖南省的高职院校，研究的内容是高职大学语文课堂上教师使用教学设备的情况。通过调查发现，多数教师使用的是多媒体设备，只有少部分会用黑板板书，多数学生会使用手机拍摄内容。高中时，教师讲课较为细致，而大学教师讲课速度较快，学生无法有效转换思维。教师在上课时很少使用板书，即使使用，也较为随意。提笔忘字成为整个社会的现状，人们过于依赖现代设备，导致自身写作能力的下降。这种情况不利于中华文化的传播。汉字作为语言的一种，是人们交流的工具。但大学生上课不爱发言、教师不用板书教学已经发展成为整个社会的趋势。在笔者看来，多数学生上课时不带本子和笔，只带书和手机，甚至有些学生拍摄的笔记，课后不会翻阅，这种流于表面的记笔记方法，最终会影响学生的

表达能力。

二、原因分析

（一）过分关注基础语文知识的灌输

现在的高职大学语文教学模式与中学的教学模式相似，将重点放在了学习和了解文章的字、词、意上。中学采用这一教学模式，是为了应付考试，若高职大学语文继续延续这样的刻板机械式教学，会造成学生学习兴趣的丧失。我们从小就生活在一个充满语言的世界里。小的时候，我们会模仿大人说话。到了小学，我们跟着老师学会了基础的识字、拼音和造句等，并不断地学习诗歌、童谣。初中时期，我们进一步阅读，对文章有了自己的见解。从始至终，我们都在学习语文，掌握了一些语言知识，因此，到了大学，这门课程是可以自己看懂的。

（二）考核形式单一

通过对湖南部分高职院校大学语文课程考核方法的研究调查发现，考试仍是主要考核办法，试题形式与高考语文类似，以分数来评判学生对高职大学语文的掌握程度，这样做既不客观，又十分片面。一味地追求和重视分数，会使学生丧失学习的兴趣，而只注重自己最终的成绩。考试方式过于单一，与教育部门在高校开设这一学科的初衷并不相符，并且与该学科的教学目的相背离。

（三）学生自身原因

不同的成长环境、不同的语言条件以及不同的家庭、学校对语言能力关注和培养的程度不同，导致不同学生的语言表达水平高低有别。同时，每个学生的个人需要以及在学习语言上投入的精力各不相同，因此，其语商（对语言综合运用的一种能力）的获得能力也不一样。有的人喜欢自我表达，其接受能力较强，反之亦然。良好的语言表达并非与生俱来，如果一个人想要快速获得较高的语商能力，就必须通过不断的学习和锻炼来实现。

（四）忽略了学生的主体地位

在以往的课堂教学中，老师是主体，课堂讲求理性，而学生处于被动状态。

高职大学语文受以往传统课堂教学方式的影响，不注重问题，在教学安排上很难给学生留下充分的表现空间。老师讲课以自身为主，没有充分调动学生积极性，只顾单向的知识输送，只关注课程进度。根据“大语文”的教学理念，教师要明确自身与学生在课堂中的角色定位，调动学生的积极性，真正培养其自主探究、合作的能力。

三、高职大学语文培养语言表达能力的方法

语言表达能力分为很多种，其中，应用写作能力是指学生有组织、有逻辑性地表达自己的观点的能力；而口才能力是一个较为全面的能力，既包括朗诵和演讲的能力，也包括交谈和辩论的能力。本文基于这两种能力，对高职大学语文教学中如何提高学生的语言表达能力进行了初步探索。

（一）精心设计教学方案

精心设计教学方案能够起到指导教师授课的作用，因此，在进行设计时，教师应当注意以体现语言表达为侧重点。只有这样，教师才能将语言表达训练贯穿于高职大学语文教学。具体内容如下：

教学目的：为了培养学生的应用表达能力，可以适当布置一些课前任务和课后巩固拓展任务；为了培养学生的朗诵技巧和能力，可以安排作品朗读活动；为了培养学生的辩论技能以及提升其逻辑思维，可以设置辩论赛等赛事；为了培养学生的演讲技能以及现场表达自我的能力，可以开展一些主题或者命题演讲。

教学内容：语言表达方面的训练应与学生的现实生活情况紧密结合，设置能够吸引学生的教学内容。例如：科幻、人际关系、珍爱生命、热爱自然以及爱情、心理健康等主题。

教学方法以及教学手段：教师应该打破常规教学方式，探索新的教学方式。在传统教学的基础上，可以运用问题启发式和情境式的教学方法。其中，前者使用特定的问题来引导学生给出自己的答案。例如，当课堂主题为亲近自然时，首先提出问题：你在生活中是否遇到过破坏环境的行为？具体是什么？而你是怎么处理的？另外，你是如何应对雾霾天气的？以这些问题来引起学生的深思。这些问题都是围绕着学生的生活展开的，能够吸引学生积极发言。为使学生更加积极

地参与到课堂之中，教师应该创新教学方法，积极融入互联网络，在微信公众号上开通电台，为学生提供分享自己朗诵成果的平台，还可以让学生朗诵自己的优秀文章。教师可以将该平台的运营权交付给学生，自己只负责审核工作。这种方式可以极大地激发学生的学习兴趣，提高其参与的积极性和热情。

（二）情境教学，增强学生的口语表达能力

情境式教学能让教学情景更加真实，使学生置身其中，帮助其真情实感地表达自我。这种教学方式对高职大学语文课程来说是十分重要的。在口语表达教学中，教师要营造自由表达的语言环境，这是极其重要且关键的。当学生身处良好的表达环境时，他便能够克服自己的心理障碍，勇敢、积极地表达自己的想法，此时，老师应该给予适当的鼓励和引导。

举例来说，当课程主题为人与自然的关系时，教师可以选取周国平先生的著作《敬畏自然》。在进行课题引入时，教师可以这样表达："王小波是男生必读作家，而女孩一定要读一读周国平先生的作品。"然后，教师便可以询问男同学都读过王小波的哪些作品，而女生又对周国平先生的作品有多少了解。通过这种问题代入的方式，能够引发同学的一系列思考。例如：王小波和周国平是谁？为什么一定要读他们的作品？而自己又读过哪些相关作品呢？为学生留出一定的思考时间，接着让其进行回答，提高其沟通能力。伴随着教学内容的深入，教师可以适当添加一些真实的案例和图片，或者是播放相关视频，例如可以播放纪录片《航拍中国》，这些与生活息息相关的视频和图片，会让文章更真实。与现实相结合，更有利于学生理解文章的主题：为什么要敬畏自然。另外，还可以继续提问，询问学生在生活中见过哪些对环境造成破坏的事情，并且是如何处理的，再一次为学生创造自我表达的机会。

（三）朗读训练，培养学生对语言的敏感性

在高职大学语文学习中，朗诵十分重要。通过阅读，文学作品会更具感染力，因此，除了设立上述提到的微信平台，朗诵的内容也要多样化，可以借助各式各样的朗诵技巧对各种文体的文章进行朗诵。例如，可以选取戏剧、诗歌、小说以及散文等多种类型的文学作品。小说以及戏剧等体裁的朗诵十分有趣味性，

可以赋予学生各种各样的角色，从而增强其语言的敏感度。例如在朗诵《橘颂》或者《吉檀迦利》等中外经典作品时，教师可以要求学生进行角色划分，各自感受其中的人物情感，在朗读的过程中，要加强对情感的把握以及对声音的处理。这种形式既能使学生的内心世界更加丰富，同时又能增强其朗诵的能力。在进行散文朗诵时，学生要切身感受作者的心境。而在进行诗词朗诵时，学生可以依据其意蕴来选择借景抒怀或者直抒胸臆等方式表达感情。诗词是中国文化的精华和瑰宝，也是可以用来朗诵的最佳作品，例如《诗经》的十五国风即为各个地方的民歌、土乐。在进行一定的培训后，老师还可以为学生提供配音方面的训练，挑选一些有趣的、与课程有关的视频，请同学在现场进行配音，从而有效地活跃课堂气氛。

(四) 设置多样的实践环节

设置多样化的实践活动，可以拓展教学内容，使课堂更加活跃。在高职大学语文课程中，为了使学生掌握知识，并提升口语能力，教师需要设置多种实践活动。在口语训练环节，教师可以组织各种训练和比赛，如朗读和演讲等。在写作方面，教师可以结合所学内容设置课后任务。具体内容如下：

演讲比赛：根据课程内容，选择其中的文章，并设置图例和提示。学生根据这些内容发散思维，分享自己的看法，保证语言的逻辑性，将演讲控制在一定时间内，如一分钟。

辩论赛：为了激励学生参与其中，可增加辩论模块。例如在《敬畏自然》中，根据文章的内容，确定合适的辩论主题，如环境保护问题，是应该以人还是自然为中心？在治理方面，应该主要依赖人还是法律规定？人类在自然中承担了什么角色？对于《蒹葭》这篇文章，可以依据文章内容合理设置辩论主题，如在爱情中，应该把物质还是精神放在首要位置？在辩论活动中，应选择出正反两方，覆盖全班同学，保障他们参与其中；安排专门的记录员，及时将观点记录下来，并在黑板上清晰显示出来；安排裁判员评估观点，是否具有合理性，能否采用。最后，统计观点总数，评定出获胜的一方。

课后作业：以课程内容为基础，确定主题，要求学生自主查询相关资料，并解决作业问题，使学生得到锻炼，提升其写作水平。例如课堂内容与人际关系相关，可以选择合适的文章设置作业，如《容忍与自由》，让学生课下完成；人的一生中会遇到许多朋友，但哪些是真正对你有益的朋友，哪些是泛泛之交？根据自身的经验，表达自己对“君子”和“小人”的看法。当课堂内容涉及爱情时，可以确定作业内容，如当选择结婚对象时，你会首先考虑爱你的人还是你爱的人？原因是什么？学生应有依据地表达观点。

这些实践环节，充分考虑了学生生活情况，有利于吸引学生参与其中，激发其兴趣，提升其表达能力。

（五）鼓励学生多说、多练

教师应遵循因材施教的原则，对学生采用合适的训练方法，并注意将鼓励放在首位。在课堂中，学生本身比较活跃，往往能够在实践环节中获得更好的锻炼，具有一定优势。这些学生更愿意主动表达，因此，教师应重点关注他们的逻辑性和语言的感染力，并予以指导。而对于一些在表达上较为胆怯的学生，教师应多给予鼓励，让他们多表达，并提供更多的机会，让他们鼓起勇气说话，逐渐从心理上接受这种表达方式。为了锻炼表达能力，教师应鼓励学生积极沟通，进行更多的交流和思想碰撞，明确不同的观点，积极采纳合理的意见。可以让学生养成及时记录的习惯，包括各种观点等。在不断积累的过程中，学生能够得到能力上的提升。

第二节　学生应用写作能力

在高职大学语文中，应用文写作是重要环节，而且具有一定的特征，如更加强调具体实践，具有一定的实用性，实际应用也比较多。但分析当前的写作现状能够明显看出，学生在写作方面熟练度不够，缺乏技巧性知识，这显然不利于他们的后续学习和工作实践。针对这种情况，教师应提高重视，积极开展写作教学，明确学生的写作情况，并采取有效措施加以引导，使他们合理地构思，不断积累各种素材。同时，教师也要教授更多创作技巧，使学生的创作能力得到不断提升，为其后续求职提供帮助。

一、高职大学语文应用文写作教学的必要性

作为公共基础课程，教师应明确语文的重要地位，并考虑其各种特征，如人文性等，更多关注学生的情况，使他们具有更好的文化素养。与此同时，教师也应该对学生给予多方面的指导，包括写作和表达等，使学生不断获得进步。应用文写作不仅在课程中非常重要，而且对于学生求职也有重要作用，能够帮助其得到更多的机会。如果缺乏相关训练，学生将难以在工作中进行应用文的实际应用，无法有效应对各种问题，最终影响自己的工作。在当前的人才招聘中，企业愈发关注应聘者的应用文写作能力，增加了更多相关内容，不仅对专业能力要求高，而且还将其写作能力考虑在内，并实施综合考查。这说明，针对人才的选拔要求发生转变，更加强调人才的素质，换言之，在人才能力方面，写作能力已经占据了重要地位。如果在教师不重视写作训练，可能会影响学生求职。学生对写作方式不了解，在写作中面临的一系列问题无法得到解决，会对其职业发展产生不利影响，这显然不符合教育目的。因此，在语文改革过程中，一方面应注重其人文性的体现，另一方面应考虑学生能力发展，致力于提升其写作能力。

二、高职大学语文应用文写作教学原则

（一）教学内容兼顾专用与通用的原则

通用以及专用原则的提出是以文种性质为前提的。应用文类型众多，使用范围也存在着较大的差异，应用文可以在很多的职业当中得到不同程度的应用。部分文种表现出较强的职业性，对行业以及适用范围等可能会产生不同程度的影响。另外因为应用文表现出较为明显的职业特性，所以分类上应当归属于专用应用文类别。另外，一些应用文能够在多种不同的行业以及职业当中得以应用。高职大学语文应用文教学内容主要包括下列两种：一是专用型应用文，该类别主要是以特定的行业、领域作为应用对象；二是通用型应用文，在多种不同类别的职业、行业当中都有一定程度的实际应用。语文教师在进行教学内容的实际设计过程当中，需要将专用、通用进行有效的结合，另外也需要将学生专业以及教育目标等内容考虑在内，推动学生综合应用能力的稳步提升。

（二）课程目标兼顾实用和够用的原则

应用文写作教学内容具有覆盖范围广、课时少等特点。面对有限的课时，为了能够在规定时间内完成要求的任务，需要充分考虑实用性以及够用性两个基本原则。一是实用原则。该原则一般要求融合不同学生的专业于从业，确保学生可以获取科学有效的指导。在这一过程中，实用价值等因素是需要重点考虑的内容，基于此，具体分析职业、行业当中应用文的具体应用情况，研究其对于岗位实践的实际问题解决的作用等。因此，在进行教学目标的实际设计时，教师所要考虑的重要因素之一就是学生的职业岗位，基于学生实际专业设置课程内容，保障能够落实应用文教学的实用原则。二是够用原则。该原则一般要求科学地进行教学内容的选择，确定具体的教学关键内容。够用这一概念表现出较强的相对性。够用和常用的联系十分密切，在进行专业知识以及技能的评级时，主要的决定因素是职业岗位的常用性。因此，教师在进行课程目标的设计时，需要同时兼顾实用性与够用性，确保能够在教学过程当中充分体现专业培养的目标。

（三）教学过程要实现知行统一

通过科学合理地设计应用文写作教材的关键内容可知：现阶段，教学内容一般涉及基础、范围等两部分内容。基于整体的角度展开研究分析，教学内容一般由概念、特征结构与标准等有关内容组成。有关“行”的内容存在一定的局限性。由于课时的限制，目前教师的主要关注点在于知识性内容教学，所以会造成缺少“行”的内容，进而导致学生在实际动手实践之前，存在较多“行”的内容的缺失，在具体实践当中出现手忙脚乱的问题。学生没有实际地进入课堂当中，存在着知识、实践不平衡的问题，无法保障自身的知行能力。应用文写作的关注点之一是技能，核心目标是确保学生能够掌握规范的写作方法，充分体现出“行”对于实际教学的重要意义。另外，教师也需要意识到知识在写作过程当中的关键意义，否则将会影响知行统一。要达到知行统一的目的，就要合理地调整两者比重，科学地挑选理论以及实践教学的具体方法，基于知行统一做一定的延伸。

三、高职大学语文应用文写作教学方法

(一) 有效补充应用文写作教学内容

应用文写作的职业特征、价值等对于高职大学语文课程体系具有重要的意义。大学生想要提高自身的社会适应力，需要具有一定的应用文写作能力。应用文写作与生活之间存在密切的联系，要从生活中获得灵感，推动创作实效性的提升，从而提高应用文写作的吸引力。语文学习的灵活性极强，能够为学生树立正确的生活意识提供一定的指导。大学的应用文写作教学还有一定的进步空间，需要将情感、生活化内容等引入应用文的写作当中，确保学生能够实际参与到实践学习活动当中，充分地锻炼学生的综合能力。

在具体的应用文写作教学过程当中，教师需要积极地进行引导，确保学生可以正确地树立健康的生活态度，更加关注生活当中的细节，观察到更多、更为丰富的生活时刻，在生活当中获得更加丰富的灵感体验。另外，教师需要为学生提供鼓励，帮助其树立起信心与勇气，坚定自身的理想信念，在遭遇写作困难时，能够采取有效的措施突破障碍与困难，相信最终的胜利终将到来。这种信念能够使学生在应用文写作中得到极大的精神支撑。教师也需要为学生提供引导，使其能够全身心地投入应用文写作当中，实现自身能力的提升，并为学生提供一定的优质范文，提高学生的知识储备以及写作能力。

(二) 科学选用应用文写作教学技巧

课堂效率与写作技巧教学之间存在一定的联系。应用文写作的技巧性相对较强，学生在学习过程中应深度掌握相关的技巧与方法，教师需要科学地进行技巧方法的挑选，实现教学效率的有效提高。教师在挑选教学技巧时，应以学生需求为前提，特别要考虑的因素包括：学生专业、未来职业发展等，推动学生灵感拓展，确保应用文写作的价值得以体现，提高学生写作效率。调查发现，应用文写作对于文章的创作具有重要意义，但素材的缺失会对创作产生极大的影响。基于这一前提，教师需要对相关的教学与写作技巧展开深入分析，切实地解决学生面临的具体问题。

首先，教师应当营造一个良好的课堂环境，引导学生在应用文写作过程当中，将自身的实际经历融入其中，明确具体的写作方法，并能够有针对性地创作应用文。为了激发学生实际写作当中的灵感，教师需要和学生进行深入的讨论，并就其自身的真实生活经历进行交流，以应用文写作与真实事件的融合作为关键突破点，为学生的应用文创作提供灵感。其次，教师在实际制定教学策略时，应当和学生之间保持着较为深入的交流，对学生的写作能力有基本的把握和认识，基于学生的学习情况进行教学进度的调整，落实循序渐进原则，确保所有学生都能进步。最后，教师在布置作业时，应当充分避免布置单调的作业，切实推动作业灵活性的提升。例如，教师可以让学生自由地写日记，特别是记录自身的实际感受等，进而为教师的教学策略调整提供一定的支持。

（三）加强生活教育方法的实践应用

学生在正式步入工作岗位后，难免会遇到应用文写作，其写作能力事关岗位职责履行和职务处理能力体现。对于高职大学语文教师而言，本着与时俱进的原则，应持续更新应用文写作教育方式，摒弃那些不适合学生能力发展的教学内容，通过自主阅读和写作锻炼，强化学生应用文写作能力。在实践过程中，教师需要将主要精力放在培养学生构思能力和创作能力上，迎合学生创作兴趣，激发其创作积极性。与此同时，教师应鼓励学生进行反思，结合应用文写作要求，对自己的优势和不足进行梳理，并秉承“因材施教”的原则提出具有针对性与可行性的解决方案。教师以上述教学目标为导向，加强实践，能够促使学生实现学以致用和融会贯通。

生活教育方法作为应用文教学策略之一，在培养学生应用文写作能力和提升应用文实践教学成果方面，作用凸显。在应用文教学过程中，教师需要结合专业课程要求，考虑职业能力培养需要，优选应用文构思方式，丰富应用文体内容，有意识地将生活化实例融入教学过程中，培养学生探索美的意识和发现美的眼睛，促使其拥有相对理想的生活能力，通过生活细节获取更多灵感。教师应立足于当下，树立生活化教育观念，并注重践行，以此促进学生应用文写作能力的提升，激发其学习积极性。

（四）重视案例教学法在教学中的运用

不同于生活教育方式，案例教学法重在启发。案例教学法以学生为重，旨在培养学生的实践探索能力。从理论视角来看，高职大学语文应用文写作兼具理论性与实践性，这一点与案例教学法要求相似。教师将案例教学法融入教学实践过程中，一方面能够促进教学内容与现实之间的联系，另一方面有助于应用文教学的创新性发展。在应用文写作过程中，学生能够加强对基本应用文文体概念的了解，并结合案例获取更多实践问题的解决方法。同时，学生也能从长远出发，拥有更多分析和解决职业及行业相关问题的能力。面对案例教学法，教师应注重角色转换，打破传统教学模式束缚，优选教学案例，并通过对多媒体的合理应用，促进案例引导意义及教育属性提升。利用集例教学法，一方面能够强化教师的授课能力，另一方面，有助于学生的深度发展，有一举多得之效。

在实践环节中，教师面对案例教学法应做到以下几点：一是优选教学案例。案例的存在价值能够通过服务应用文写作教学得到体现，兼具真实性、代表性和吸引力，以此激发学生写作积极性。避免案例与学生生活相脱节，否则集例将难以吸引学生注意力。教师应注重案例的更新，尽可能满足学生求新求异的心理。二是注重案例讨论活动的举办。在案例教学法中，案例讨论至关重要。学生应围绕教师给出的问题展开深入讨论，从中获取问题解决方案。通过这种方式，学生能够实现对理论知识的灵活掌握。三是总结评价案例。伴随着案例讨论活动的结束，教师应本着实事求是的原则，针对学生的讨论状况及实际表现给出点评意见，肯定学生优势，并针对不足之处提出指导意见，继而促进学生问题分析与解决能力的改善。四是强化协作训练。教师应通过情景创设，为学生打造应用文写作环境，加强训练，鼓励学生通过查漏补缺，实现快速成长。

（五）落实就业导向下的应用文教学

在社会各领域中，应用文写作都有着较大的发挥空间。有些公司在人员招聘过程中对应聘者的应用文写作能力有着较高要求。高职院校毕业生如果想要拥有充分的话语权与选择权，则需要通过锻炼拥有相对理想的应用文写作能力。在高职大学语文教学过程中，教师需要以就业为导向，结合学生需求和职业发展，持续改进教学策略，促进复合型人才数量及质量改善。在应用文写作教学环节，教师应聚焦教学定位，持续优化教学内容。

第一，精准定位应用文写作教学目标，实现对就业导向的全面了解。在当前阶段，应用文写作课程及课时安排无法满足客观需求，不利于教学任务目标实现。教师应合理规划应用文写作教学工作，将学生实际需求放在首位，兼顾学生就业方向及工作岗位，制定切实可行的教学计划。第二，通过对微课教学方式的合理应用，促进多元化教学情景形成。微课视频有着短小精悍、生动有趣的显著特点，有助于教学难度递减和学生学习效率改善。通过情景视频，高职院校学生能够提前了解未来职业场景，为其正式步入职场和培养其沟通能力奠定基础。最为关键的是，在应用文教学环节中，利用微课教学方式，有助于课堂教学质量及课堂教学效率提高，能够为学生写作训练预留空间。第三，遵循因材施教原则。教师应尊重个体之间的差异，结合学生专业及其应用文写作能力适度调整教学方案。譬如，面对法律专业学生，则需要将法律文书写作视为重点。

在高职大学语文教学工作中，应用文写作教学涉及学生综合能力发展及其就业素质形成，因此被教师认为是教学重点。从目前来看，应用文写作是一项核心能力，事关学生就业率增减。以此为背景，高职大学语文教师应持续优化教育观念，促使应用文写作教学模式向着多元化方向发展，始终以专业要求和就业方向为导向，将培养专业型和复合型人才视为己任。

第三节　学生阅读能力

“阅读是未来教育的一块基石。阅读是语文之根，阅读是学习之母，阅读是教育之本，阅读能力是可持续发展的学习能力。学会阅读，才能生存，才能发展。”在高职大学语文教学工作中，阅读积累发挥着举足轻重的作用。高职大学语文课程的主要任务是强化学生听说读写能力，促进其文学素质形成，强化其民族文化修养。虽然我们每天都在使用语言进行沟通，表达自身观点，不过这并不意味着我们拥有良好的语言运用能力。阅读积累在培养学生语感、丰富学生理论知识储备量、提升学生思考能力等方面作用凸显。伴随着良好阅读行为的养成，学生不仅能够领略到中国语言文字的魅力，而且能够在日常生活中实现合理应用。通过阅读学生能够获取更加丰富的审美体验，促进语文素养形成，甚至会以此为契机，实现对自身语文潜力的进一步开发。在“互联网＋”社会背景下，语文教师应加强对互联网的应用，持续丰富阅读教学路径，为学生创造更加理想的阅读教学环境，促进其理论知识积累和实践应用能力提升。

一、高职大学语文阅读教学的现状

（一）当前大学生阅读现状

伴随着信息技术的蓬勃发展、互联网的普及和智能移动设备（智能手机、iPad 等）的广泛应用，电子阅读逐渐取代纸质书籍成为学生的首选，碎片化阅读现象比较普遍。碎片化阅读拥有以下特点：从阅读时间来看，在学习和生活节奏不断加快的今天，很多学生习惯性利用等车、乘车等碎片化时间进行阅读；从阅读内容来看，相较于文学经典，百度热搜、微信公众号、新闻推送等具有更强的吸引力；从阅读载体来看，各种电子设备凭借易携带、高容量等特点逐渐取代纸质书籍，碎片化阅读不再具有纸墨书香般的雅致。

黑格尔认为，“存在即合理”。备受推崇的碎片化阅读方式其实具有一定的科学性与合理性。首先，碎片化阅读有助于大学生合理安排时间。他们能够利用睡前、饭后等碎片化时间不断丰富其精神世界，促进其阅读量提升。其次，各种碎片化信息为学生了解社会趋势和学生之间共享信息等提供了更多便利条件。很多学生会利用钉钉、微信等方式去分享自身阅读感悟或相关信息资源。从宏观视角来看，碎片化阅读有助于全民阅读现象形成。在当前阶段，碎片化阅读已然成为公众生活中的一部分，其重要性能够得到充分体现。

从辩证视角来看，事物皆有两面性，碎片化阅读利弊并存。首先，碎片化阅读会导致新闻资料的重复性推送，影响学生对有限资源的合理应用。众所周知，今天的新闻市场呈现出百花齐放的特点，新旧媒体并存发展，新闻同质化现象难以避免。其次，基于“选择性知觉”而出现的碎片化阅读又会在潜移默化中让学生形成功利之心。作为成长于新时代的大学生，多会基于其阅读喜好进行选择性阅读，此举不利于其阅读知识结构体系的系统性发展，难以通过碎片化阅读达到

“取他人之长，补己之短”的目的。在新媒体时代，各种信息资源不断涌现，大学生虽进行了诸多层面的阅读，可是却难以静下心来对阅读课题进行深挖，极易在他人或社会环境等因素影响下，步入功利性阅读。有些大学生存在“眼高手低”“好高骛远”的阅读特点，希望通过搜索引擎阅读碎片化信息，实现快速成长，忽略了自身知识体系的构建。虽然这些学生能够在面对某一行业或某一课题时侃侃而谈，可是难以“实践出真知”，其思想极易受他人左右。网络信息虽然丰富，但同时也存在很多低俗内容，有严重影响大学生观念的可能性。有些自媒体为提升点击量和阅读率，习惯性利用文章或新闻题目制造各种“看点”，且忽略遣词造句和文章逻辑，有挂羊头卖狗肉之嫌。长此以往，学生的思维能力和写作能力将会受到负面影响。

（二）高职大学语文阅读教学状况

在当前阶段，国内很多高职院校忽略了对大学语文课程的关注，且很多任课教师推崇阅读教学模式，面对学生碎片化阅读习惯，并未给出针对性指导。有些学生认为，高职大学语文课程缺少实用性，对其考研、就业等影响有限，多以消极态度对待这门课程。而有些大学生极易被碎片化文本及网络文学所吸引，认为任科教师提出的阅读经典观点不再适用。在这种情况下，高职大学语文课程教学效果难以达到预期，大学生的阅读习惯和阅读认知亟待改善。

知名学者马歇尔·麦克卢汉在评价媒介时提到，所有媒介均是个体感官的一种延伸，伴随着不同媒介的融合，“我们能够停留在两种媒介的边界上，从自恋和麻木状态中惊醒过来”，新的媒介形式能够由此而产生。从本质来看，“互联网＋教育”其实就是一种媒介融合的成果。1946 年，美国知名学者埃德加·戴尔率先提出了学习成效金字塔理论。在他看来，不同学习方式对应着不同的学习成果。从客观视角来看，单一的阅读教学模式不再适用，任课教师应本着与时俱进的原则，加强对多媒体及计算机技术的综合应用，调动学生视觉和听觉，鼓励学生在教师带领下展开深入思考，并为学生预留思考、交流和自由成长的空间。数字化洪流难以阻挡，碎片化阅读早已成为大势所趋，任课教师应避免故步自封，一方面需要为学生推荐具有参考价值的经典阅读书目，另一方面应基于互联网和智能设备，促使学生养成兼容并蓄的学习态度，并通过改革高职大学语文阅读教学工作，强化大学生语文阅读能力。

二、高职大学语文阅读教学新模式探讨

在“互联网+”背景下，以往的读经教育模式呈现出滞后性特点，高职大学语文阅读教学应顺应时代要求进行改革，教师应基于系统化阅读和经典式阅读要求，本着循序渐进的原则，持续探索大学生语文阅读教学模式，激发学生阅读积极性和求知欲，真正面向社会，彰显高职大学语文课程的存在价值。

(一) 线上同步主题阅读教学模式

经过了解发现，很多优秀大学语文教师和相关专家学者均希望兼顾我国优秀传统文化和阅读教学模式，并促进两者融合，在此基础上提出了主题阅读教学方式。这是一种由教师参考教学目标和教学内容，鉴定阅读主题，随后搜集和分析相关文本，促进阅读教学工作开展的教育方式。高职大学语文教师应尊重学生学习基础、阅读特点及信息汲取能力，培养学生探究性思维和主动阅读意识。基于“互联网+”社会背景，大学教师应通过以下工作促进线上同步主题阅读教学目标实现。

第一，围绕教材内容进行阅读教学。例如，在高职大学语文教材中，节选自《史记·项羽本纪》的《项羽之死》属于经典之作。在课前预习阶段，教师可以要求学生通过图书馆、互联网等实现对《项羽本纪》的了解和阅读，并加强对项羽资料及人物形象的分析。在《资治通鉴》《汉书》等古籍中，均存在与项羽有关的记载，学生甚至可以通过观看相关影视剧或阅读野史，促进对项羽这一人物形象的了解。在课前阅读过程中，学生可以将自己搜集到的和项羽有关的各种资料发送到微信班级群、钉钉群中，通过资源分享和生生交流，加强对项羽的深度了解。在课堂实践过程中，教师需要针对《项羽之死》这篇文章进行概述，抛出问题引导学生展开讨论。学生可以结合历代名人对项羽的评价，丰富其人物形象。譬如，韩信认为项羽只拥有“匹夫之勇”，且目光短浅，可以称得上“妇人之仁”；刘邦则认为“项羽有一范增而不能用”，项羽的用人能力存在缺失；李清照用“生当作人杰，死亦为鬼雄”来歌颂项羽宁死不屈的英雄气节。毛泽东认为，项羽有着沽名钓誉之嫌，导致了乌江自刎，因此特意告诫将士“宜将剩勇追穷寇，不可沽名学霸王”，认为中国共产党面对帝国主义和内战分子，应做到乘胜追击，只有这样才有可能解放全中国。通过上述评价和任课教师指引，学生能

够在交流和辩论中实现对所学内容的深刻了解。

第二，适度延伸阅读课题。评价和讨论环节结束后，教师可以延伸课堂教学主题，通过比对知名历史人物去发现项羽的人物特点。譬如，将项羽和刘邦、项羽和刘备、项羽和关羽、项羽和张飞等人物进行比对分析，深入了解不同历史人物形象的优缺点，结合其人生之路和事业成果，探究其失败或成功的原因。通过延伸阅读，做到以史为镜知兴替，以人为镜明得失。在此基础上学生也能够被其他历史人物所吸引，教师应正视其兴趣点，推荐阅读书目，为学生开启个性化阅读，步入自主探索道路奠定基础。

经典作品之间具有一定的关联性。伴随着对主题阅读教学模式的充分应用，学生能够在教师指引下通过持续性阅读，促进阅读量增加，拥有更加完善和系统化的阅读体系。基于“互联网＋”社会背景，教师能够通过对多媒体、即时性沟通软件及相关科学技术的综合应用，促进主题阅读教学模式发展。在备课阶段，教师可以借助通信会议、学习通等相关软件主动与学生展开交流，持续丰富阅读内容，以此提升课堂教学质量，实现对课堂教学时间的合理安排。互联网信息资源丰富，学生需要通过筛选和提取信息，做好课前预习工作。利用计算机、互联网采集和分析信息的过程，也是学生自主探索、多维度了解客观事物的实践过程。在此过程中，学生所拥有的主体地位和实践能力皆能得到巩固。

（二）线上学生自主个性化阅读教学模式

无论是义务教育阶段，还是高等教育阶段，语文作为基础课程，其重要性不言而喻。从课堂内容来看，语文课程通过阅读和欣赏文学经典，促进学生识字量、审美能力、语文素养的形成和提升。在高等教育阶段，深度阅读是教育重点，这是高职大学语文课程不同于中小学语文的关键。基于“互联网＋”社会背景，碎片化阅读逐渐成为大势所趋，但其不利于知识体系形成。阅读不仅具有娱乐休闲功能，还具有教育属性，能够启迪心灵。阅读不应止于表面，学生需要在教师指引下通过经典阅读和深度阅读不断汲取知识。教师应具有因材施教的教育理念，在实践活动中，做到因势利导，分析学生阅读兴趣和专业特点，为其制定具有针对性的深度阅读计划。同时，教师也应注重个性化阅读教学模式的形成和应用，帮助学生养成良好的阅读习惯，夯实其学习基础。

第一，在个性化阅读教学活动中，教师应尊重学生阅读兴趣，针对现有阅读教学模式做适度调整。个性化阅读教学模式能够同时关注学生的阅读主观能动性、阅读体验、心理感受，因此备受推崇。教师应结合现有教学资源，为学生打造轻松惬意的阅读氛围，尊重学生主体地位，通过组建兴趣小组，明确阅读书目，促进个性化阅读教学活动开展。步入21世纪以来，各种网络小说犹如雨后春笋般不断涌现，备受大学生青睐。教师可以利用科幻小说、网络小说等推进个性化阅读教学活动。例如，如果某一小组成员醉心于仙侠类小说、魔幻类小说，教师可以为其推荐神话故事，鼓励学生将中西经典进行比对，对大禹治水、挪亚方舟之间的异同进行梳理，从中了解中西方文化差异。西方神话中充满了宗教色彩和原罪意识。而在中国神话中，“人定胜天”“百折不挠”“因势利导”等观点肯定了人的主观能动性，中华民族百折不挠和愈挫愈勇的奋斗精神能够从中得以体现。在我国古代文化典籍中，《山海经》为现代玄幻小说、仙侠类小说提供了诸多创作素材。教师应秉承因材施教原则，鼓励学生通过阅读《山海经》实现对现代玄幻类小说及仙侠类小说的进一步了解。他们会逐渐意识到，《山海经》这部充满玄幻的宝典拥有令人无法抗拒的吸引力。学生能够通过阅读经典获取深刻的阅读体验。

第二，教师应结合学生专业特点，制定个性化阅读教学方案。举例说明，如果所学内容是《红楼梦》篇章的节选，教师在面对园林专业学生时，可以将主要精力和教学重点放在明清园林建筑上，结合潇湘馆、秋爽斋、稻香村、怡红学院等园林展开分析。教师可以将全班分为九个小组，各组围绕某一园林展开梳理，结合曹雪芹的建筑布局描写，实现对园林特点及园林主人性格喜好的深入分析。以蘅芜苑为例，这是薛宝钗居住之所，当旁人进入院落后，需要绕过四面山石才能看见“五间清厦”与“绿窗油壁”。从中能够发现，蘅芜苑有着“藏”这一特点，薛宝钗作为园林主人，其为人处事深藏不露的性格特征能够从侧面得到体现。如果教师面对的是食品类专业学生，那么在学习《红楼梦》篇章节选时，则需要将重点放在各色美食的制作上，一方面实现对贾府奢靡生活的近距离了解，另一方面结合故事情节于繁华之处去感受落寞，从中获取更多人生见地和学习感悟。

（三）线上线下结合以读促写的阅读教学模式

对于学生而言，各类文体写作有助于其专业技能提升和扩展。知名学者潘新河认为，阅读应同时包括“表现”和“读写”两个目的，只有这样才能够实现真正的阅读，并通过阅读夯实人生基础。在现代社会中，过于单一的读经教育模式让学生很是抵触高职大学语文课程。有些学生甚至认为，高职大学语文课程如同“鸡肋”，看似有趣，实则毫无学习价值。如果教师在阅读教学过程中能够做到以读促写、读写结合，一方面有助于学生文学写作能力的改善，另一方面学生的求知欲和好胜心也能够因此而得到激发，其应用文写作积极性能够呈现出水涨船高的特点。

首先，于学生而言，以读促写的阅读教学，有利无弊。教师应通过引导和示范，鼓励学生阅读文学经典，撰写书评，此举在强化学生动笔能力的同时，有助于其良好阅读习惯的养成。与此同时，教师可以选择经典读物，带领学生进行扩写、改写或续写，以此强化学生逻辑思维能力和写作水平。以沈从文的经典之作《边城》为例，这部小说拥有开放式结局，作者通过适度留白，给读者预留了想象空间。教师可以带领学生续写翠翠与傩送之间的故事情节，促进学生写作能力的提高。有些学生难以接受翠翠与傩送之间的爱情悲剧，那么教师应鼓励学生进行改写，给主人翁一个圆满的结局。《边城》选用了第三人称进行描绘，教师应别出心裁地鼓励学生通过第一视角或第一人称对其加以改写。这种操作方式新鲜别致，且趣味性十足，学生能够放飞想象的翅膀，拥有更多创新意识和更高的改写能力。

其次，以读促写的阅读教学，有助于学生应用文写作能力的提高。教师在着重训练学生日常应用文写作能力的同时，还需要结合学生专业，对重点教学内容进行灵活调整，通过情景教学法、案例教学法等不同教学方式的综合应用，带领学生在具体情景下开启写作。教师应注重梳理和归纳应用文写作知识点，通过钉钉群、微信公众号等方式定期分享应用文写作知识及写作范文，为学生利用碎片化时间进行学习提供便利。在课堂教学过程中，教师和学生结合具体情景要求，围绕相关问题展开讨论，加强协作训练，以此实现以读促写、读写结合，强化阅读及写作教学成果。

最后，在以读促写的阅读教学工作中，教师应加强对电子信息技术和网络平台的合理应用。一是创建班级微信群、班级钉钉群等，要求学生定期将撰写的书评、趣味性作业等上传至群中，通过互评和相互欣赏，帮助学生知悉自己在阅读和写作方面存在的优缺点。二是通过经典阅读让学生感受到阅读的重要性和文字语言的魅力。有些学生在阅读环节中会逐渐萌发写作的冲动，教师应尊重学生主体地位，践行因势利导原则，通过举办网络写作竞赛，鼓励学生参与其中，凭借原创作品赢得更多人肯定。上传至教学论坛的原创作品，不仅要面对教师点评，同时也能够得到更多同龄人的关注。学生能够打破写作限制，通过抒发自身感受或传递自我观点，促进其个性发展。教师可以对以往考试形式进行改进，结合学生期末考试卷面分数及其发表的文章数量、点击率等综合评价学生表现，最后明确其成绩。这种基于日常写作和考试成绩的学习方式，一方面能够激发学生创作欲望和表达能力，另一方面，能够使学生在读写训练中获取深刻的学习体验，有助于其良好写作习惯的形成。

三、高职大学语文阅读教学过程中应解决的问题

如今，互联网已然成为学生搜索信息和开启课外阅读的首选媒介。在高职大学语文教学实践工作中，教师不仅需要通过改革阅读教学模式，赋予课堂教学内容更多吸引力，还需要加强对以下问题的了解。

第一，教师应促进学生信息鉴别和筛选能力的提升。在互联网中，各类信息浩瀚如海，且信息质量良莠不齐。对于高职院校学生而言，如何通过互联网实现对所需信息的快速检索、分析和提取，已然成为其“基础能力”。教师应通过演示或文字说明，强化学生信息搜索和提取能力，同时分享专业网站，譬如读秀、中国知网等丰富学生数据采集资源。

第二，教师应注重学生信息接收和理解能力的改善。基于皮亚杰提出的建构主义认知理论可知，个体所拥有的认知结构始终处于动态发展进程中，学生能够通过汲取知识持续完善其认知结构。当信息与学生认知结构相冲时，学生需要对现有知识结构进行改造或重组继续获取更多知识。在研究性学习中，学生能够通过互联网获取诸多信息资源。从本质来看，学生整理和分析杂乱信息的过程，其实也是其个人认知结构不断优化和完善的过程。学生只有真正将外界知识融入自身认知结构中，才能够实现对信息的深入了解和灵活应用。

第三，教师应具有与时俱进的发展意识，通过对计算机及计算机技术的了解和应用，实现对学生听觉和视觉的成功调动，赋予其更多欣赏能力。在以往的语文阅读教学环节中，学生被禁锢于纸质书籍中，其欣赏能力和想象能力无法得到快速提升。在“互联网＋”社会背景下，教师可以通过对图片、文字、音频、视

频的综合应用，为学生营造文章意境，降低文章理解难度，实现对作者思想及情感的全面解读。

第四，在网络阅读过程中，教师应注重其引领和指导作用的发挥。互联网具有绝对开放性的特点，学生能够借助互联网实现对相关信息的搜集和获取。教师在鼓励学生进行自主探索的同时，应秉承“学而不思则罔，思而不学则殆”的教育理念，鼓励学生以阅读为导向，注重读思结合，通过阅读和思考，扩大自身认知，强化自身文学修养及综合素质。

第五，基于“互联网＋”社会背景，教师应注重师生互动和学生之间的交流。在课堂以外，教师可以通过线上交流方式，深化师生沟通，注重线上和线下同步推进。在信息爆炸的今天，教师应具有终身学习意识和终身学习能力，利用工作之余进行学习，提高信息技术应用和信息处理能力，以此满足阅读教学所需。

第十章 职业核心能力培养视域下的高职大学语文教学策略研究

在我国教育体系中，高等职业教育属于重要组成部分。伴随着时代更迭交替和经济社会发展，高等职业教育应始终立足于当下，将推动社会发展，为企业和经济发展提供源源不断的人力支持视为己任。自2000年以来，在国内教育领域中，掀起了一场席卷全国的职业教育改革浪潮。我国通过多项改革举措的推出和指导性文件的颁发，为职业教育改革实践活动有序推进提供专业指导。面对持续推进的高等职业教育教学改革，高职大学语文教学应结合宏观形势和教育发展目标持续探索新的发展路径。笔者认为，高职大学语文肩负着教书育人、树人正气的重要职责，在实践过程中，应注重个体职业素养形成，更新其教育定位，构建高职大学语文和职业素养统一的新课程标准，聚焦高职教学问题提出切实可行的改进方案，调整自身发展方向，努力从边缘化向个性化方向转变，探索出新的发展路径。

第一节 构建大学语文教学与职业素养培养相结合的课程标准

在当前阶段，我国政府部门加大了对职业教育活动的关注力度，将持续提升职业教育质量视为重点。国内高职院校在建设进程中，纷纷将高职院校管理工作、实践教学工作、理论教学工作等放在首位。经过了解发现，我国政府及相关部门要求，高职院校应制定契合国家要求的职业教育制度，注重职业分类和职业等级标准实施，需要本着循序渐进的原则，促进人才培养机制、人才选拔机制、人才评价机制的创新和应用，助力中国特色社会主义现代教育体系创设，通过自身价值体现，为职业院校课程标准和职业技能标准的融合创造更多条件。

语文作为基础性学科，在构筑课程标准时，应加强对职业院校建设要求及指导思想的分析和了解。语文所面对的指导思想涉及职业素养培养、课程理念落实及教学方案实施等。学生应通过语文学习拥有一定的语文学习能力、阅读及写作能力。就目前来看，在国内高职院校大学语文教学过程中，简单的“听说读写”依旧是教师关注的焦点，且缺少清晰明了的培养要求和培养标准。譬如，学生的听读能力需要达到什么水平？具体衡量标准有哪些？学生的语言表达能力需要达到什么水平？具体衡量标准又有哪些？语文教学质量能够给其他学科学习带来直接影响，因此需要明确课程标准，为教师推动实践活动提供必要参考。高职院校的大学语文课程标准应兼具人文性、工具性、职业性等特点，且需要结合职业素养及相关要求予以确定。国内高职院校应深入解读职业素养概念及其内容，以其为导向，对高职大学语文课程标准进行细分，尽可能实现具体化和数据化。通过这种方式，一方面有助于语文能力建设内涵的持续丰富，为培养学生语文能力明确基本方向，另一方面能够以语文能力学习为切入点强化职业素养，促进复合型人才培养，切实满足社会发展所需。

第二节　制定以职业素养培养为核心的教学目标

课堂教学活动应始终将教学目标放在首位，通过整合和合理应用各种教学资源促进教学目标实现。不同于其他学科，高职院校的大学语文课程兼具工具性和人文性特点。工具性是指通过语文课程学习，学生能够拥有基本的“听说读写”能力。人文性是指培养学生个性，使其对道德情感有更加深入的了解。从本质目标来看，我国教育旨在通过教书育人，为社会主义建设提供源源不断的栋梁之材。高职大学语文教学目标应迎合社会公众利益，践行为人民服务的宗旨，通过教授先进文化知识，促进学生正确三观的养成，助力社会发展。在专业学习过程中，良好的语文“听说读写”能力有助于理想专业学习成果的获取。在语文教学实践过程中，教师应兼顾学生学习兴趣、学习基础、学习能力等，激发其主观能动性和求知欲，为学生全身心投入专业学习创造更多条件。

高职大学语文教学目标应基于原文性学习要求，注重学科职业性、实用性、工具性特点呈现。工具性有助于语文课程存在价值体现，人文性有助于个体人文素养养成，职业性有助于个体职业素质提升。伴随着语文教学实践工作的持续推进，学生所拥有的语文理论知识储备、听说读写能力、人际交往能力、语言文字写作和应用能力等皆会有所改善，成长为一名人格健全、品德高尚、拥有良好文学修养的人才。教师应注重日常引导，促进学生良好行为习惯的形成，鼓励学生通过自查自省对自己的言行举止进行点评，从中知悉自己的不足之处，并及时纠正。教师也应尊重个体差异，遵循因材施教的教学理念，对个体之间的异同进行梳理，以此为参考，制定具有针对性的教学目标，并注重其指引、激励、点评等作用的体现，通过优化教学活动，赋予高职大学语文课堂更多趣味性和吸引力。

第三节　整合教学内容实现职业素养培养的模块化教学

从整体来看，高职大学语文教学内容涉及方方面面，辐射范围较广，包括国内外经典文学作品、现代诗歌、古代诗词、现代散文等等，文章题材多样。在实践环节中，教师应执行模块化教学，以模块的方式将教学内容与教学目的、教学方式等融为一体，着重强化学生综合素养和语文学习能力。在划分教学模块时，可以将其分为四类。

一是阅读赏析。在这一模块中，精品范文处于核心位置。精品范文往往属于经典之作，是中华民族传统文化的集中体现，是中华文明基石。学生能够通过品读和赏析，感受传统文化魅力，在夯实文学知识基础的同时，拥有更加理想的审美能力和人文修养。举例说明，在欣赏《赤壁赋》时，学生能够在教师指引下欣赏月下美景凭吊古人，又能够通过分析作者心境和情感获取更多人生感悟，以此为契机，明确自我追求，并形成正确的三观。

二是口语交际。该模块以从业过程中的口语交际需求为重，旨在训练和强化学生的口头表达能力。教师可以通过情景创设，锻炼学生的能力。譬如，通过举办辩论赛，鼓励学生保持“应战状态”，养成良好的口语交际能力；通过模拟求职应聘场景，促进学生理解及现场应变能力的提升。

三是应用写作。在书面表达环节中，应用写作模块至关重要。教师要加强对实际案例的合理应用。譬如，面对石油化工生产技术专业的学生，教师可以围绕巡检记录、交接班日志的书写展开教学，将写作格式要求、写作步骤、写作内容等视为重点，帮助学生提高专业写作能力，有助于教学过程的多元化特点的呈现。

四是专业语文模块。教师应结合专业学习要求，对语文知识进行细分。该模块不仅有助于专业特点呈现，而且能够加强学生对基础语文知识的深入学习。当教师面对营销与策划专业学生时，可以增设策划书模块；如果是面对商务英语专业学生，则可以增设商务文书写作。在应用环节中，提升案例使用比例，通过小组合作等方式，促进教学任务实现。

第四节　采取有效的教学方法提升学生的职业素养

在社会不断发展的今天，教师应具有与时俱进的发展意识，迎合我国课改要求，持续更新现有教学方式，针对不同专业学生，分析其学习基础、学习能力，践行因材施教原则，制定具有针对性的教学策略，通过课堂教学活动的有序推进，促进学生良好职业素养的形成，鼓励学生将所学知识内化于心，外化于行。对于高职教师而言，应加强对任务驱动法、实践教学法、项目教学法、目标导向法等各种教学方式的了解和综合应用。以项目教学法为例，这种方式能够做到尊重学生主体地位，通过教师“传道授业解惑”作用的体现，围绕具体项目内容展开分析，通过信息搜集、师生讨论和生生讨论促进设计方案完成，并通过项目实施和评价实现经验积累。在项目立项、分析、调查、建设、评价等环节中，学生能够通过知识迁移和组合，促进理论知识与实践行动结合。项目教学法拥有“以项目为主线、教师为引导、学生为主体”的显著特点，目标指向多元化、培训周期短、见效快，有助于学生学以致用。在当前阶段，项目教学法是一种能够实现教学练于一体的教学方式，其实践意义和教育属性凸显。

以学习调查报告的写作为例，在课堂教学过程中，教师应通过理论知识讲解和参与资料展示，对调查报告所具有的结构特点、写作步骤、注意事项、遣词造句要求等进行分析和归纳。随后，教师明确设计项目，譬如安排学生走出课堂，结合实践经验和写作素材搜集，完成《大学生自主创业情况调查报告》撰写。在写作环节中，学生应结合课堂所学知识和社会实践进行写作。教师可选用小组合作等方式，鼓励学生利用文献分析法、案例分析法去丰富写作素材，实现对国内大学生自主创业现状及相关问题的具体了解，并结合其自身观点给出改进意见。通过上述操作，学生能够获取更多实践经验，以便更好地面对职场中的各种困难和挑战。

从学生视角来看，实践教学在强化和加深理论知识认知中，发挥着至关重要的积极影响。实践教学与学生未来成长、岗位胜任能力等有着密切关联。学生能够通过参与实践活动，将抽象化的理论知识具象化，并实现合理应用。在高职院校教育过程中，实践课程处于核心地位，是校方和教师关注的焦点。实践课程能够促进理论知识向职业技能及岗位胜任能力转换。在高职院校的语文教学工作中，需要开展实践课程促进学生学以致用能力的提升。“纸上得来终觉浅，绝知此事要躬行”。学生如果想要通过课堂学习和实践课程获取更多技能，如问题分析及解决能力，则需要主动参与到实训环节中，努力拥有岗位胜任能力。在技能学习以外，教师应注重学生奉献精神、团队意识等职业素养的培养。教师应主动沟通，知悉学生学习和实习状态，鼓励学生以新人姿态多观察、多思考，遇到不懂的问题，主动向前辈请教。鼓励学生将单位优秀人才视为学习榜样，培养兢兢业业和艰苦奋斗的精神。在书写实习报告环节中，要求学生从语文视角出发，注重理论知识和实践经验相结合，一方面强化学生语文写作能力，另一方面有意识地将职业素养融入实践活动中，持续丰富学生的学习体验。

第五节　建立多元化的考核评价体系

语文学习是一个循序渐进的持续性探索过程。在语文学习过程中，教师应创设和应用考核评价体系，聚焦某一阶段，对学生学习成果进行考核，了解其年度或月度学习情况，针对学生存在的不足，给出具有针对性的调整方案。在评价环节中，教师虽然能够通过量化标准给出指导意见，但是面对综合素养考评要求，需要持续优化现有考评体系。

在教学改革活动中，评价体制改革是难点和重点。究其原因，评价体制属于教学导向，发挥着杠杆作用。根据素质教育要求可知，以分数论英雄的观点和评价方式具有滞后性，与国家提出的高职人才培养目标不符。高职院校应改革语文教学评价体系，深挖学生内在潜能，以学生全面发展为重，践行公平、公正、公开原则，促进全新评价体系的确立，通过学生主观能动性的发挥及学习积极性的体现，发挥全新评价体系所具有的存在价值和实践意义。评价主体应具有多元化特点，除却教师和学生以外，有必要将社会公平、企业测试等要素融入其中。

从客观视角来看，今天的高职大学语文评价体制依旧有着“考试试卷定成绩”的特点。高职院校的大学语文试卷内容以语文基础知识为主，不仅考试内容老旧，而且过于注重理论的死记硬背，缺少创新性。这也是学生将语文课程视为“鸡肋”的关键原因。有些学生为应付语文考试，习惯在临近考试时进行突击式学习，这种方式显然不利于其考试成绩提升和课堂所学内容的应用。面对上述情形，教师应兼顾知识点考核与综合素养点评，基于职业院校教学特点，了解学生专业要求和就业方向，尽可能做到理论与实践考核并重，过程评价和结果评价同行，以此为基础，打造多元化考核评价体系，针对学生进行全方位考核，并给出综合性考评意见。譬如，教师可以将评价体系细分为三部分。一是针对学习过程进行考核。通过学生课堂出勤率、课堂教学回答表现、作业完成情况、各类项目参与情况等给出具体分数，并进行点评。学生能够通过课前预习活动，实现对课堂所学知识内容的了解，其语文知识面也能够得到进一步拓展。二是针对结果进行考核。考核内容涉及期末考试、综合训练项目完成情况。学生能够通过纸质试卷考试分数和小组项目展示成果，将自己所学内容及学习成果在教师面前予以呈现。三是实践活动证据。这里的实践活动证据包括各种职业资格证书（专业技能证、普通话证、英语四级证等）及学生参加各类比赛所赢取的证书（演讲比赛、创业大赛等），教师可以将职业资格证书和比赛证书等视为学生职业素养养成的证明纳入成绩评定中。教师可以根据实际情况，对上述三部分的具体比重进行调整。通过这种方式，学生一方面能够加强对书本知识的学习，另一方面能够通过实践获取更多学习体验，打破课堂学习束缚，拥有更多学习渠道。通过参与相关活动，学生所具有的竞争意识、创新能力等职业素养皆会得到提升。此外，学生应注重综合素质的培养，加强对各种职业技能的学习和掌握，为将来的就业奠定基础。

参考文献

［1］李福东，曾旭华．国内外职业能力评价研究和应用［J］．中国电力教育，2012（12）：34-36＋47．

［2］叶圣陶．叶圣陶语文教育论集［M］．北京：教育科学出版社，1980．

［3］中国社会科学院研究所词典编辑室．现代汉语词典［M］．北京：商务印书馆，2005．

［4］宋铭．国家职业汉语能力测试设计理念［J］．中国职业技术教育，2008（11）：28-29＋37．

［5］陈宇．职业汉语教程［M］．北京：北京大学出版社，2009．

［6］陈众平．高职人才培养的第一关键能力——基于职业汉语能力的培养［J］．漯河职业技术学院学报，2009，8（04）：6-7．

［7］孟杰，陈玉，杨艳秋．论大学生语言能力阶段性培养策略［J］．教育观察（上半月），2015，4（07）：24-25．

［8］杨泽琴，张金婷．《大学语文》提升学生口语表达能力的探索［J］．汉字文化，2019（18）：14-15．

［9］胡明扬．语言知识和语言能力［J］．语言文字应用，2007（03）：5-9．

［10］徐志军．国家职业汉语能力测试介绍［J］．中国考试，2005（01）：56-58．

［11］李昆蔓．对高职大学语文教学现状的评述和教学改革［J］．现代交际．2013（02）：190-191．

［12］徐林祥，杨九俊．关于语文课程目标百年嬗变的反思［J］．课程．教材．教法．2012，33（02）：87-93．

[13] 徐国庆. 职业教育课程目标开发的多因素分析 [J]. 职教论坛. 2004 (22)：17-22.

[14] 周正奎. 语文教育改革纵横谈 [M]. 教育科学出版社，2013.

[15] 中国就业培训指导中心编. 职业道德 [M]. 北京：中央广播电视大学出版社，2010.

[16] 管琰琰，尚慧萍. 职业汉语训练教程 [M]. 上海：立信会计出版社，2011.

[17] 武洪明，许湘岳. 职业沟通教程 [M]. 北京：人民出版社，2011.

[18] 王荣生. 新课标与"语文教学内容" [M]. 南宁：广西教育出版社，2004.

[19] 王步高. 大学母语教育的现状及其对策研究 [M]. 南京：南京大学出版社，2007.

[20] 余世维. 有效沟通 [M]. 北京：北京大学出版社，2009.

[21] 倪文锦，谢锡金. 新编语文课程与教学论 [M]. 上海：华东师范大学出版社，2006.

[22] 钱理群. 语文教育门外谈 [M]. 桂林：广西师范大学出版社，2003.

[23] 黄久凌. 当众讲话——让掌声响起 [M]. 北京：印刷工业出版社，2009.

[24] 姜大源. 当代德国职业教育主流教学思想研究 [M]. 北京：清华大学出版社，2007.

[25] 金银. 高等职业教育中大学语文课程现状及原因分析 [D]. 东北师范大学，2008.

[26] 管齐峰. 成都高职学院"大学语文"课程设置研究 [D]. 西南大学，2008.

[27] 黄东斌. 提高大学生职业汉语能力的教学策略研究 [D]. 湖北工业大学，2011.

[28] 陆纯梅. 广西高职院校面向东盟地区的职业汉语能力培养模式研究 [D]. 西南大学，2013.

[29] 郑群. ZHC 与高职院校语文课的设置 [J]. 现代语言（语言研究版），2011 (04)：131-133.

[30] 熊国玲，何淳，陈蕾，王晶. 大学生汉语能力培养与大学语文教学

[J]．湖南工程学院学报（社会科学版），2009，19（01）：89-91.

[31] 施杏姑．高职语文教学应培养学生的职业汉语能力 [J]．浙江工贸职业技术学院学报，2009，9（02）：44-47.

[32] 徐徐．高职院校学生语言应用能力养成的困惑与模式探索——以职业汉语能力测试为例 [J]．语文学刊，2011（11）：153-154.

[33] 陈桂良．高职院校学生职业汉语能力培养路径探析 [J]．黑龙江高教研究，2009（11）：122-124.

[34] 陈桂良．高职院校学生职业汉语能力现状调查研究——以金华职业技术学院为例 [J]．武汉职业技术学院学报，2009，8（6）：94-97.

[35] 周攸胜．关于国家职业汉语能力测试与高校语文教学改革 [J]．职业教育研究，2006（01）：128-129.

[36] 宋铭．国家职业汉语能力测试的设计理念 [J]．中国职业技术教育，2008（11）：28-29＋37.

[37] 冯雯丽，郭灵云．国家职业汉语能力测试对大学语文教育的反思及建议 [J]．文教资料，2012（05）：29-30.

[38] 徐贞同．国家职业汉语能力测试下的高职语文教学改革 [J]．河南职业技术师范学院学报（职业教育版），2007（05）：120-121.

[39] 那英志，杜小平．基于“任务教学法”的旅游汉语教学流程和操作策略 [J]．青岛职业技术学院学报，2007（01）：45-48.

[40] 何海翔．基于职业汉语能力的高职人才培养 [J]．中国大学教学，2008（05）：62-63.

[41] 张玉梅．全球汉语热背景下 ZHC 的定位思考 [J]．内蒙古师范大学学报（教育科学版），2009，22（05）：114-116.

[42] 王春凤．项目导向教学法在职业汉语课程教学中的应用研究 [J]．科技信息，2009（19）：117.

[43] 辛士祥．应用型本科大学语文教学改革研究 [J]．经济研究导刊，2010（19）：237-238.

[44] 徐徐．针对高职院校学生的职业汉语能力课程建构模式初探 [J]．黑河学刊，2011（02）：129＋131.

[45] 张玉梅．职业汉语教学与 ZHC 测试之关系初探 [J]．语言文字应用，2009（04）：91-98.

［46］张舸，许利平．职业汉语能力培养视阈下高职语文教学实效性研究［J］．语文天地（高教·理论），2013（01）：17-20．

［47］李文彦．论高职语文教学注重实用性［J］．中国成人教育，2008（12）：147-148．

［48］辛丽丽．试论高职院校大学语文课程的改革策略［J］．课程教育研究，2018（19）：73-74．

［49］冯桂华，万欢寿．“职业汉语能力”的启示——对母语教育的反思［J］．今日南国（理论创新版），2009（12）：62-63．